Magia y símbolos del Rosacruz

La guía definitiva sobre el Rosacruz y su similitud con el ocultismo, el misticismo judío, el hermetismo y el gnosticismo cristiano

Su regalo gratuito

¡Gracias por descargar este libro! Si desea aprender más acerca de varios temas de espiritualidad, entonces únase a la comunidad de Mari Silva y obtenga el MP3 de meditación guiada para despertar su tercer ojo. Este MP3 de meditación guiada está diseñado para abrir y fortalecer el tercer ojo para que pueda experimentar un estado superior de conciencia.

https://livetolearn.lpages.co/mari-silva-third-eye-meditation-mp3-spanish/

Tabla de contenidos

Introducción

El Rosacruz es una sociedad mística que ha inspirado temor y fascinación durante siglos. La mayoría de la gente conoce el Rosacruz por el misterioso simbolismo de sus documentos secretos.

Los manifiestos Rosacruz de principios del siglo XVII describen esa sociedad como una escuela filosófica, una academia científica, una hermandad espiritual y un partido político. Fundada por Christian Rosenkreuz a finales del siglo XIV, originalmente se llamó Orden de la Rosa Cruz. Se ha descrito como un linaje de iniciados que se remonta al antiguo Egipto, o incluso a la Atlántida, y ha sido vinculado con otras sociedades secretas como la masonería.

Este libro explora el misterio del Rosacruz, su simbolismo y su influencia en las sociedades secretas modernas. En el primer capítulo, se explica qué es el Rosacruz y el contexto histórico de esta sociedad. El segundo capítulo cuenta la historia de Christian Rosenkreuz, el fundador del Rosacruz. El tercer capítulo abarca los orígenes egipcios y herméticos del simbolismo rosacruz y explica la tradición hermética como término y como sistema esotérico.

El cuarto capítulo ofrece una traducción de un antiguo texto gnóstico llamado «Poimandres», que explica parte del simbolismo del Rosacruz. El quinto capítulo examina la tradición mística judía del Merkavah, estrechamente vinculada al misterio del Santo Grial. El sexto capítulo examina los «Veintidós caminos de la iluminación», un sistema utilizado en algunas de las antiguas escuelas místicas para entrenar la mente.

En el séptimo capítulo, se examina la alquimia y la Cábala y su relación con el Rosacruz. Los aspectos prácticos del Rosacruz, incluidas algunas meditaciones y rituales utilizados, se tratan en el octavo capítulo. El noveno capítulo abarca la vida cotidiana de un rosacruz, o de alguien que practica esta filosofía, y ofrece diversos consejos para la meditación, la conexión con la tierra, la protección y otras facetas.

Además, este libro tiene dos capítulos adicionales. El primero trata sobre los dieciséis signos secretos de los Rosacruz, tal y como fueron compuestos originalmente por el médico y ocultista Franz Hartmann, y en el otro se explica cómo unirse a la orden Rosacruz.

El misterio de las órdenes Rosacruz ha atraído la atención de muchos esoteristas modernos. Han utilizado este simbolismo y afirmando que continúan una tradición que se remonta al fundador del Rosacruz, Christian Rosenkreuz. El objetivo de este libro es presentar la filosofía y la práctica Rosacruz para que quienes no tengan conocimientos previos puedan entrar en contacto con el movimiento fácilmente. También es útil para ocultistas, estudiantes y cualquier persona interesada en aprender más sobre el Rosacruz.

Capítulo 1: Introducción al Rosacruz

El Rosacruz es un movimiento filosófico y religioso que se originó en la Europa de principios del siglo XVII. La palabra Rosacruz procede del latín «*Rosae crucis*», que significa «cruz de la rosa». El símbolo de la cruz dentro de una rosa procede de una leyenda mística sobre Christian Rosenkreuz. El Rosacruz es simbolizado por un círculo con una cruz inscrita que llevaban sus seguidores, a menudo llamados *magi* u hombres sabios. El Rosacruz se distingue de otras sociedades secretas por su énfasis en el conocimiento esotérico. Se caracteriza por su interés en la alquimia, el misticismo, la magia y otras ciencias ocultas.

En este capítulo hay una introducción al Rosacruz y a su historia. La información proporcionada sirve como base para estudios posteriores sobre el tema. Tenga en cuenta que este capítulo por sí solo no permite un estudio exhaustivo sobre el Rosacruz, sino que pretende ser un punto de partida para el interés o el estudio del lector.

Definición de Rosacruz

El Rosacruz es una forma de filosofía esotérica cristiana. Se cree que fue fundada a finales de la Alemania medieval por Christian Rosenkreuz. El término «rosacruz» describe a alguien asociado con este movimiento filosófico y religioso, pero esto no significa que dicha persona esté involucrada en todos los aspectos de la orden. En este sentido, es cierto que personas tan conocidas como Carl Gustav Jung y Benjamin Franklin no eran miembros de la orden original, pero de todas formas pueden clasificarse como rosacruces.

Esta orden comenzó con Christian Rosenkreuz, de quien algunos creen que fue una persona real, pero también hay versiones que apuntan a una existencia puramente alegórica. Una escuela de pensamiento cree que nació en 1378, vivió hasta 1484, y fue enterrado en una tumba secreta. Sin embargo, él u otro cristiano Rosenkreuz pudo haber sido el fundador de la orden o simplemente una figura simbólica.

El Rosacruz puede considerarse una sociedad secreta porque gran parte de sus conocimientos se enseñaban en privado a unos pocos elegidos o se ocultaban en manuscritos codificados. Sin embargo, la idea de que se trata de una sociedad secreta oculta es una concepción moderna. Los textos rosacruces originales no muestran aversión a compartir sus conocimientos e ideas con extraños.

Los orígenes del Rosacruz

Los rosacruces ubican sus orígenes a principios del siglo XVII. Se cuenta que un noble alemán llamado Christian Rosenkreuz fundó la orden. Según la leyenda, su nacimiento había sido predicho y fue criado por unos misteriosos padres adoptivos. A la edad de quince años, Rosenkreuz comenzó su búsqueda de la sabiduría, viajando a Egipto, Turquía y Siria, y en ese viaje estudió con varios grupos religiosos antes de regresar finalmente a Alemania. Allí, reunió a algunos amigos que compartían su interés por la naturaleza y la ciencia. Decidieron formar una «hermandad invisible» que seguiría buscando conocimientos y compartiéndolos con los demás.

En la Europa del siglo XVII, el concepto de sociedad secreta no tenía las connotaciones negativas que tiene hoy en día. De todas formas, la historia de Christian Rosenkreuz y su hermandad invisible no era muy conocida en su época. Tras la publicación de dos manifiestos anónimos, en 1614 y 1615 respectivamente, su existencia obtuvo cierta atención pública.

Estos documentos eran la *Fama Fraternitatis* y la *Confessio Fraternitatis*, que fueron publicados por un grupo de rosacruces anónimos. La *Fama Fraternitatis* establecía conexiones entre la orden y otros eruditos históricos, como Roger Bacon. También afirmaba que Rosenkreuz y sus seguidores utilizaban la alquimia para convertir metales comunes en oro. Por último, afirmaba que los rosacruces debían ser vistos como una fuerza del bien en el mundo.

La *Confessio Fraternitatis* era una obra más explicativa que pretendía aclarar la *Fama*. También decía que los rosacruces estaban interesados en el estudio de la ciencia y la religión, pero no en la magia o la hechicería.

Historia del Rosacruz

El período de 1614 a 1616 fue uno de los más importantes de la historia rosacruz. Durante este tiempo, muchos europeos cultos recibieron la *Fama* y la *Confessio*, que habían sido publicadas como panfletos y que fueron copiados y distribuidos ampliamente. Estos dos documentos despertaron un gran interés en el movimiento Rosacruz. Parte de este interés fue positivo y produjo que personas respetadas como Johannes Valentinus Andreae y Robert Fludd defendieran a los rosacruces y sus ideas publicadas en obras. Sin embargo, otros pensaban que el movimiento era una amenaza para el cristianismo y la sociedad en general.

Los rosacruces entraron en un periodo de silencio público hacia 1620, posiblemente debido a la presión de quienes los consideraban una amenaza. Después de esto, no publicaron nada más durante varias décadas y, desde 1630 hasta aproximadamente mediados del siglo XVIII, tampoco se supo nada de la hermandad «invisible». Muchos supusieron que el grupo ya no existía.

Todo cambió en 1710, cuando un rosacruz que se hacía llamar «*Sincerus Renatus*» («El verdadero renacido») escribió otro manifiesto. Este documento se titulaba *Witte Opkomst* («Flor blanca»). En él, el autor afirmaba representar a una logia Rosacruz alemana de Ámsterdam y pretendía aclarar la historia y las creencias de la orden.

En las primeras décadas del siglo XVIII aumentó el interés por lo esotérico. Esto llevó a la publicación de varios textos rosacruces, entre ellos la *Fama Fraternitatis Novi ac Vera* de 1725. El autor de esta obra, un tal Bernard-Matthieu Willermoz, afirmaba ser un iniciado de los «superiores desconocidos» que supuestamente dirigían a los rosacruces. Creó varias sociedades secretas en Francia con relación con los rosacruces, entre ellas «*Les Chevaliers Bienfaisants de la Cité Sainte*» (Los caballeros bienhechores de la ciudad santa) y «*Les Philalèthes*» (Los filaleteos).

En 1767, la publicación de un tercer manifiesto suscitó un gran entusiasmo en los círculos masónicos. Esta publicación fue el primer documento que mencionaba la masonería y afirmaba que la masonería y el Rosacruz venían de una fuente común. También aportaba detalles sobre la hermandad Rosacruz original en Europa.

Después de eso, no hubo más comunicaciones documentadas de la hermandad invisible. Sin embargo, esto no impidió la proliferación de varias escuelas de pensamiento que incorporaban conceptos rosacruces, como la teosofía, la antroposofía, el espiritismo y la masonería rosacruz. En Estados Unidos, las ideas rosacruces se han utilizado en varios movimientos influyentes como el trascendentalismo, el Nuevo Pensamiento y la contracultura de los años sesenta.

Hoy en día existen organizaciones rosacruces en muchos países del mundo. Aunque hay diferencias significativas entre ellas, la mayoría siguen algunos o todos los conceptos básicos esbozados en la *Fama* y la *Confessio Fraternitatis*.

El símbolo Rosacruz

El símbolo más reconocible del Rosacruz es una cruz coronada por una rosa. Esta imagen también se conoce como la Cruz Rosada, la Rosa Cruz o la cruz Rosacruz. Un símbolo similar a este se encontró impreso en la literatura de varias iglesias cristianas ortodoxas orientales. Es un recuerdo del periodo histórico en que Martín Lutero y sus partidarios se separaron de la Iglesia Católica Romana. En algunas ciudades europeas, como Praga, a estos partidarios se les llamaba «rosacruces» («*Rosy Cross*») porque llevaban el símbolo en un lugar destacado de su atuendo.

La explicación más aceptada de este símbolo procede de *La boda química de Christian Rosenkreutz*, una obra escrita por Johann Valentin Andreae. En la historia del libro, Christian Rosenkreutz visita a un alquimista que utiliza la rosa y la cruz para representar varias etapas en la transformación de la materia durante el proceso alquímico. El número tres es muy significativo, porque representa la sustancia material y las tres divisiones de la mente (pensamiento, acción y emoción).

La rosa también simboliza el amor espiritual, mientras que la cruz simboliza las elecciones morales. Por lo tanto, este símbolo representa el proceso de alcanzar la perfección utilizando tanto la mente como el corazón. La estructura del símbolo hace pensar en una escalera con el travesaño horizontal representando el mundo físico. Esto conduce a una representación abstracta de una cruz tridimensional. El espacio entre las vigas representa el camino que se recorre durante el proceso de transformación hacia un estado de perfección.

La explicación alternativa de este símbolo fue escrita por Ferdinand Keller, uno de los fundadores de la antroposofía. En su ensayo «*Die Rose-Croix*», sostiene que existió una fraternidad rosacruz real cuyo símbolo era una cruz con rosas en sus extremos. Aunque este ensayo se considera especulativo, señala que las cruces con rosas se encuentran en estructuras antiguas por toda Europa y Asia.

Aunque la Rosa Cruz está asociada a varias escuelas de pensamiento esotérico contemporáneas (como La Aurora Dorada, Thelema, OTO, la Orden de la Rosa Cruz, etc.), cada una de ellas ofrece una interpretación distinta del símbolo.

Fama Fraternitatis

La *Fama Fraternitatis* presenta a Johann Valentin Andreae como un alma inquieta con intención de promover una reforma espiritual. Para dar credibilidad a sus objetivos, inventó la historia de Christian Rosenkreutz y su hermandad invisible. Su propósito no era engañar, sino buscar la curiosidad de la gente para que deseara más información.

La *Fama* se divide en cuatro partes. La primera parte narra la vida y la muerte de Christian Rosenkreutz (identificado como un alquimista anónimo). También habla de su tumba, en la que hay indicaciones escritas de dónde encontrar documentos en los que se exponen sus ideas sobre la conducta moral. Además, da pistas sobre cómo localizar esta tumba (supuestamente situada en Oriente Medio).

La segunda parte describe el descubrimiento de los documentos dejados por Christian Rosenkreutz. Supuestamente, cada documento tenía un autor diferente, pero después resultó que todos fueron escritos por la misma persona, el propio Johann Valentin Andreae. Los documentos también hablan de otro libro secreto supuestamente escrito por Rosenkreutz. En otro de los documentos, se dice que una secta podría formarse una vez que un número suficiente de personas hubieran sido expuestas a estas ideas.

La tercera parte habla de un grupo diferente de individuos inspirados por los escritos encontrados en la tumba de Christian Rosenkreutz. Estos decidieron formar una hermandad para promover las ideas expuestas en estos documentos. Decidieron llamarse a sí mismos «La Fraternidad de la Rosa Cruz».

La cuarta parte describe cómo esta hermandad se volvió «invisible» después de que una facción canalla atacara su núcleo. También advierte sobre los peligros del orgullo y la codicia y dice que una vez que las personas caen presas de estos vicios, no pueden seguir el camino hacia la perfección.

Algunos comentaristas especulan que este manifiesto pretendía ser un recurso literario usado por Johann Valentin Andreae para expresar sus ideas sobre cómo debía transformarse la sociedad. Sin embargo, también hay pruebas históricas que sugieren que creía sinceramente en la existencia de una hermandad real llamada «Fraternidad de la Rosa Cruz».

La Fraternidad de la Rosa Cruz

La Rosa Cruz es un símbolo esotérico utilizado a menudo por los hermetistas cristianos. También se puede encontrar en los escritos de clérigos de alto rango, filósofos ocultistas y alquimistas. A menudo se asocia con los rosacruces debido a que aparece en dos obras escritas por Johann Valentin Andreae, en las que describe la existencia de la «Fraternidad de la Rosa Cruz». El texto comienza con una carta de Christian Rosenkreutz, en la que cuenta su viaje por el Cercano Oriente en búsqueda de enseñanzas místicas. También habla de la alquimia y de cómo ayuda a las personas a transformar su esencia espiritual.

El texto más largo, llamado «*Confessio*», comienza con Christian Rosenkreutz siendo sacado de la tumba en la que había permanecido oculto durante 120 años. El texto es una especie de manifiesto Rosacruz sobre la creación y el propósito de la hermandad. Contiene instrucciones sobre cómo buscar el conocimiento oculto de una fraternidad de «hermanos invisibles» que están dispuestos a darse a conocer al alcanzar un cierto nivel de conciencia.

En siglos posteriores, muchas organizaciones ocultas han adoptado este apodo. Algunos de estos grupos se basan en la idea de que Christian Rosenkreutz fue una figura histórica real que desempeñó un papel importante en antiguas enseñanzas místicas que se mantienen en secreto para la mayoría de la gente. Estos grupos suelen emular las ideas y prácticas de una supuesta hermandad histórica fundada en la época de Rosenkreutz.

La orden Rosacruz en la actualidad

En la actualidad, los rosacruces afirman continuar la tradición de una antigua hermandad establecida originalmente por Christian Rosenkreutz. Creen que esta hermandad existió durante cientos de años y alcanzó su apogeo durante el siglo XVII, cuando decidió darse a conocer a otras personas a través de una serie de documentos impresos.

Hoy en día, se estima que decenas de miles de individuos son miembros de esta fraternidad. No todos los grupos son iguales. Algunos practican lo que denominan «masonería de alto grado», mientras que otros no exigen a sus miembros ningún ritual de iniciación.

El rosacruz moderno es un grupo muy diverso. La sociedad secreta siempre ha estado dispuesta a aceptar a personas de todas las clases sociales, siempre que se comprometan a utilizar las herramientas y técnicas tradicionales. Con el tiempo, estas enseñanzas han evolucionado hasta convertirse en un sofisticado sistema, construido sobre la idea de que ciertos símbolos e imágenes contienen mensajes que solo son visibles para quienes entienden cómo leerlos.

En la actualidad, muchas organizaciones rosacruces se esfuerzan por emular las ideas originales de Christian Rosenkreutz estableciendo sociedades secretas capaces de preservar el conocimiento, el autodominio y el crecimiento espiritual. Este objetivo, emitido en forma de un antiguo principio, afirma,

«Todos somos uno bajo el sol, a solo in luce est errare», y significa: «Todos somos uno dentro del universo y solo yerra quien piensa lo contrario».

Este principio ha sido aceptado como precepto rector por muchos grupos rosacruces actuales.

Organización Rosacruz en la actualidad

La orden Rosacruz es una de las organizaciones más grandes y conocidas, que afirma tener su origen en una hermandad secreta establecida durante el Renacimiento. El grupo fue creado a finales de 1909 por Harvey Spencer Lewis, inspirado tras participar en algunas exposiciones públicas organizadas por una organización conocida como la Orden Hermética de la Aurora Dorada.

En pocos años, esta sociedad se expandió por Norteamérica y Europa atrayendo a muchos masones que también estaban interesados en el estudio de la alquimia, la astrología y otras formas de misticismo. Se referían a sí mismos como una orden «*construida sobre verdades esotéricas del pasado antiguo*».

Hoy en día, la orden Rosacruz es algo controvertido en algunos círculos, porque han sido acusados de ser una orden internacional de místicos de élite que intentan influir en los acontecimientos mundiales. Se cree que esta sociedad secreta sigue floreciendo, a pesar de que muchos afirman que fue clausurada hace siglos cuando se hizo evidente que sus objetivos eran demasiado ambiciosos.

La orden es un grupo muy reservado y no ha confirmado oficialmente que miles de individuos pertenecen a su fraternidad. Muchos escépticos dudan de si esta sociedad se reúne en persona o si simplemente existe como comunidad en línea. A pesar de estas afirmaciones, la orden Rosacruz mantiene centros en gran parte de Norteamérica y Europa. La organización es dirigida por un Consejo General y su sede se encuentra en el Parque Rosacruz de San José, California.

En algún momento se llegó a pensar que todos los documentos originales publicados por la orden Rosacruz se habían perdido para siempre. Tras estudiar exhaustivamente estas publicaciones, los historiadores han llegado a la conclusión de que no se basan en manuscritos antiguos, como se pensaba en un principio. En su lugar, toda la literatura utilizada por la orden Rosacruz parece haber sido escrita por un individuo que respondía al nombre de Max Heindel.

El desarrollo de los grupos rosacruces modernos se ve a menudo como una consecuencia de una rama conocida como la Fraternidad Rosacruz. Esta sociedad fue establecida en 1909 por uno de sus miembros fundadores, Max Heindel. En 1910, Heindel publicó un libro titulado *La cosmo-concepción Rosacruz*, en donde afirmaba tener información que le había sido presentada por un grupo de maestros ascendidos que habitaban el plano astral. Los maestros creían que esta información era demasiado avanzada para la mayoría de la gente y por esta razón solo se la dieron a Heindel para que la difundiera de una forma accesible.

La Fraternidad Rosacruz ha sido acusada de ser un grupo elitista porque la afiliación requiere una donación importante. Los críticos estiman que unirse a la organización cuesta entre 27.000 y 35.000 dólares. Mientras que muchas personas creen que es un precio legítimo para la afiliación, otros creen que es ridículo y excesivamente caro, porque esta sociedad solo ofrece dos libros y un conjunto de conferencias a las que se puede acceder por otros medios. La

Fraternidad Rosacruz celebra sus reuniones en un edificio al que se refieren como la Logia.

En 1910, Heindel también fundó una revista titulada *La Cosmo-Concepción Rosacruz*. Esta publicación incluía amplia información sobre prácticas espirituales. Puede considerarse uno de los primeros textos modernos de autoayuda basados en principios esotéricos y no en información extraída de la ciencia convencional. Con el tiempo, esta publicación pasó a llamarse El Foro Rosacruz y sigue siendo publicada por la Fraternidad Rosacruz.

La teosofía es un movimiento religioso cuyos orígenes se remontan a la antigüedad, cuando se creía que el conocimiento secreto solo podía ser comunicado directamente por Dios a sus profetas elegidos. Hoy en día, muchos grupos modernos afirman estar afiliados al Rosacruz, y todos ellos creen que trabajan por un mundo mejor ayudando a otros individuos a lograr la superación personal.

El Rosacruz es una orden espiritual con raíces en el siglo XVI, cuando se creía que esta sociedad construiría un mundo utópico. Sin embargo, fue clausurada hace siglos cuando se hizo evidente que sus objetivos eran demasiado ambiciosos y los miembros de esa sociedad empezaron a perder la fe en su propósito. El movimiento moderno actual del rosacruz se inició a principios del siglo XX con el objetivo de educar sobre la espiritualidad y las prácticas esotéricas que conducen a una vida mejor.

La orden Rosacruz está estrechamente relacionada con el movimiento masónico, ya que se cree que muchos de sus miembros originales estuvieron implicados en su construcción. El movimiento Rosacruz también comparte lazos con la Orden Hermética de la Aurora Dorada, una orden ocultista moderna con muchas enseñanzas y símbolos similares. El movimiento Rosacruz sigue activo hoy en día y es un grupo espiritual privado que se considera mucho más abierto y accesible que organizaciones como los masones.

Capítulo 2: La historia de Christian Rosenkreuz

Desde el antiguo Egipto, la sabiduría hermética ha sido buscada por gobernantes, príncipes y hombres de toda condición. No es de extrañar, entonces, que la enigmática figura de Christian Rosenkreuz surgiera de entre estos hombres que buscaban reavivar el interés por las enseñanzas herméticas. Solo se le conoce por el nombre de Christian Rosenkreuz, que significa Rosa Cruz Cristiana. Se sabe muy poco sobre esta figura, ya que las únicas fuentes de información sobre su vida son los relatos narrativos que se encuentran en *La boda química de Christian Rosenkreuz*, publicado anónimamente en 1616, y la *Reforma universal del ancho mundo*, publicado anónimamente en 1618.

Los eruditos consienten en que probablemente fue una persona real, pero al igual que solo hay especulaciones sobre sus orígenes y viajes, también es probable que las enseñanzas de Rosenkreuz no fueran escritas por él. Dado que las fuentes de información sobre Rosenkreuz se publicaron de forma anónima, no es sorprendente que exista cierta confusión sobre su vida. Este capítulo trata sobre la historia de Christian Rosenkreuz, las raíces de la sociedad Rosacruz en la cultura europea y la alquimia y cuáles pudieron ser sus enseñanzas.

El fundador del Rosacruz

Rosenkreuz era el nombre utilizado por Christian Rosenkreuz, un misterioso personaje que, según se dice, vivió entre 1378 y 1484. Quién fue y de dónde procedía es un tema de debate, ya que las únicas fuentes de información sobre su vida son relatos narrativos incluidos en dos libros publicados de forma anónima a principios del siglo XVII.

La boda química de Christian Rosenkreuz, publicada anónimamente en 1616, describe una boda de cuatro días entre un rey y una reina. Las descripciones de las figuras de esta ceremonia son muy simbólicas y representan diferentes conceptos alquímicos mediante distintos personajes. La fraternidad Rosacruz se menciona cuando uno de los participantes en la ceremonia nupcial pregunta por qué nunca ha oído a nadie hablar de ella.

El otro libro se titula *Reforma universal del ancho mundo*, publicado anónimamente en 1618. En él se describe la Fraternidad de la Rosacruz y sus esfuerzos por reformar el mundo. También describe los viajes de Christian Rosenkreuz, su búsqueda de la sabiduría hermética en Oriente Medio y la fundación de una escuela esotérica, que recibió el nombre de Fraternidad de la Rosacruz.

Los orígenes y viajes de Rosenkreuz se describen así en estos dos libros. En las Bodas químicas, se dice que nació en 1378 y viajó a Damasco cuando tenía 16 años. Allí, fue iniciado por un sabio llamado Iban Amali, que le dio el nombre de *Peregrinus*. Posteriormente viajó a Fez, en Marruecos, y después a España, donde fue iniciado por un sabio llamado Dédalo.

No se sabe con certeza si la narración de Rosenkreuz en las Bodas químicas es alegórica (por ejemplo, que la novia y el novio representaban principios alquímicos diferentes) o si estos libros contienen un relato real de sus viajes. Sin embargo, hay algunos elementos que sugieren que la historia no es totalmente ficticia. Por ejemplo, Rosenkreuz menciona la horticultura y la alquimia como dos de las disciplinas que estudió, ambas en auge en aquella época.

También cabe destacar que, aunque estos relatos se publicaron de forma anónima, hay indicios de que Martín Lutero pudo haberlos escrito. Ciertamente, el escritor de la *Reforma universal del ancho mundo* se expresa con un estilo claro y similar al de Lutero.

La principal fuente de información sobre la vida de Rosenkreuz puede haber sido un relato ficticio, pero cabe suponer que fue una persona real que fundó la Fraternidad Rosacruz y que sus enseñanzas tuvieron un gran impacto en la cultura europea. Los dos libros que describen su vida y sus viajes se publicaron de forma anónima, por lo que no se le puede atribuir ni una sola palabra. Además, la Fraternidad Rosacruz no tenía una estructura organizada ni jerarquía, por lo que el propio Rosenkreuz no tenía que adherirse a ninguna regla. Sin embargo, es probable que abogara por una escuela esotérica similar a la descrita en las obras publicadas bajo su nombre.

Antecedentes y viajes de Christian Rosenkreuz

Se dice que Rosenkreuz era de cuna noble y que pasó su vida entre la contemplación y los viajes. Nació en 1378 en la ciudad de Damm, en la provincia alemana de Misnia, o quizá en Rosheim, Alsacia. A los 16 años abandonó Alemania y viajó por Francia y España antes de cruzar el Mediterráneo hasta Jerusalén. En Siria, pasó algún tiempo estudiando con un sabio llamado Iban Amali. Después viajó a Alejandría, en Egipto, donde pasó muchos años estudiando con otro sabio llamado Dédalo.

Los viajes y estudios de Rosenkreuz continuaron durante muchos años, y se decía que sus conocimientos de ciencia y medicina eran superiores a los de la mayoría de los médicos. Según la leyenda, finalmente regresó a Alemania. A su regreso, se unió con otras tres personas que compartían su visión de una sociedad de conocimiento universal y fraternidad. Posteriormente, fundó la Fraternidad de la Rosa Cruz, que se convirtió en una organización de personas de ideas afines dedicadas al estudio de la alquimia, la medicina y otras ciencias. Según la historia de su vida, relatada en la *Confessio Fraternitatis* y la *Fama Fraternitatis*, Rosenkreuz murió en 1484 a la edad de 106 años.

La historia de Christian Rosenkreuz ha sido objeto de muchas especulaciones a lo largo de la historia. Algunos estudiosos han sugerido que su vida es una historia simbólica, mientras que otros creen que es un relato exacto. Otros afirman que se trata de una fábula pagana, escrita para dar una imagen negativa del cristianismo. Incluso ha habido quienes han sugerido que toda la historia es un elaborado engaño.

Durante cientos de años se ha debatido si Rosenkreuz fue una persona real o no. Pero su legado sigue vigente hoy en día, se crea o no en su existencia real. El hecho de que su historia se haya contado durante siglos demuestra el impacto de él y de sus ideas. Y, aunque solo sea por eso, Rosenkreuz contribuyó a dar forma a la cultura europea con su defensa del conocimiento esotérico.

Enseñanzas y obras de Christian Rosenkreuz

Se dice que Rosenkreuz trajo de Tierra Santa conocimientos sobre la alquimia y la vida después de la muerte. También estudió con sabios de Alejandría, que le sirvieron de inspiración para fundar una escuela de aprendizaje cuando regresó. Estudió con varios sabios que compartieron con él su sabiduría esotérica a lo largo de sus viajes.

A su regreso a Alemania, Rosenkreuz comenzó a trabajar en la Fraternidad de la Rosa Cruz. Su objetivo era crear una escuela de aprendizaje donde la gente pudiera reunirse y trabajar por el objetivo común del conocimiento. Creía que este era un paso necesario para el progreso de la humanidad y para conseguir un mundo mejor. En sus obras, Rosenkreuz incluía citas que enfatizaban en la hermandad de los hombres y el respeto entre todas las personas.

Las enseñanzas de Rosenkreuz se basaban en la idea de que se puede lograr una existencia más avanzada estudiando y trabajando para desarrollar todos los aspectos de la vida. En su leyenda, Rosenkreuz busca que la gente estudie y trabaje para adquirir conocimientos en muchas áreas. Sus enseñanzas también hablaban de cómo «la verdad lo conquista todo».

La historia de Rosenkreuz habla de la idea de la fraternidad universal y de cómo el conocimiento es una forma de unir a la gente. Sus enseñanzas eran muy progresistas para su época y defendían la importancia del conocimiento y de compartirlo. Muchas de sus ideas contribuyeron al desarrollo de la masonería en los siglos siguientes.

El viaje iniciático de Christian Rosenkreuz a Jerusalén

Los eruditos han debatido durante mucho tiempo la autenticidad de la historia de Christian Rosenkreuz. En la *Confessio Fraternitatis*, se afirma que Rosenkreuz viajó a Jerusalén y después a Egipto, donde estudió con sabios de Alejandría antes de regresar a Alemania. Se dice que su viaje fue iniciático y que en él progresó a través de los grados de los Misterios Herméticos.

El viaje de Rosenkreuz a Egipto y Jerusalén simboliza un viaje espiritual a través del autoconocimiento. Su tesis es que la verdad lo vence todo. Esto incluye el autoconocimiento, que conduce al avance espiritual y a una comprensión mejor del mundo que nos rodea. El viaje a Egipto y al Cercano Oriente simboliza la salida de la zona de comodidad para progresar.

El viaje iniciático de Christian Rosenkreuz a Damasco

También se habla de un viaje de Christian Rosenkreuz a Damasco en la *Confessio Fraternitatis* y en la *Fama Fraternitatis*. En este texto, se habla sobre su estancia en el Cercano Oriente y, concretamente, en Damasco. Se califica también como viaje iniciático.

Aunque el relato de tal viaje es ciertamente ficticio, es concebible que se refiriera a una excursión de la vida real. Se sabe que Rosenkreuz viajó al Cercano Oriente, aunque no está tan claro si visitó Damasco. Damasco y Siria formaban parte del Imperio Otomano, que en aquella época estaba bajo el control de los turcos. El Imperio otomano era un centro de comercio e intrigas durante la época en que vivió Rosenkreuz, lo que habría favorecido el relato de sus viajes.

En cualquier caso, el viaje de Rosenkreuz a Damasco habla una vez más de la iniciación espiritual y de la idea de que, a través del autoconocimiento, se puede alcanzar un nivel superior de comprensión y conocimiento. Sus escritos contienen la idea de que siempre hay algo más que aprender y de que no se debe dejar de buscar el conocimiento.

El papel de Christian Rosenkreuz en la orden Rosacruz

Según la leyenda, Rosenkreuz fundó su hermandad en 1459 y la lideró hasta su muerte. A menudo se cree que el nombre completo de la orden era «*Fraternitas Rosae Crucis*», y también era conocida como «La Orden Rosacruz». La hermandad se creó para fomentar una sociedad de individuos que aprendieran unos de otros y avanzaran en el entendimiento humano. El papel de Rosenkreuz en la orden Rosacruz es un símbolo de cómo el conocimiento puede utilizarse para unir a las personas.

Rosenkreuz escribió que su inspiración para fundar la orden provino del descubrimiento de una tumba sin nombre en el desierto. Creía que pertenecía a un gran filósofo. También afirmó que obtuvo los escritos del filósofo y los tradujo al alemán, que es el idioma en el que están explicadas gran parte de las enseñanzas de Rosenkreuz.

La orden Rosacruz era un grupo único de personas que buscaban el conocimiento y la sabiduría. Se decía que sus miembros juraban renunciar a todas sus posesiones mundanas y perseguir el conocimiento. Habían prometido aplicar lo aprendido en sus estudios para ayudar a los demás, tanto dentro de la Orden como fuera de ella.

La orden Rosacruz fue una de las primeras organizaciones esotéricas de este tipo que surgieron en Europa. Estos grupos se enfocaban en buscar la iluminación y en cómo lograrla. Creían que era un punto clave en el desarrollo del hombre, especialmente durante la época de Rosenkreuz. Él y su orden anunciaron un nuevo tipo de conocimiento y forma de pensar sobre el mundo.

Christian Rosenkreuz y el Primer Manifiesto Rosacruz

Además de ser una figura clave en la historia de la orden Rosacruz, Christian Rosenkreuz también cumple un papel importante en el Primer Manifiesto Rosacruz. Este documento, publicado de forma anónima, hablaba sobre el esoterismo y la hermandad del misterio. Ha habido cierto debate sobre su autoría, ya que algunos afirman que fue escrito por Johann Valentin Andreae, un teólogo y escritor de la época.

Independientemente de su autoría, este manifiesto es significativo por ser el primero en su género. Era un nuevo tipo de documento que planteaba temas que nunca se habían discutido antes. Se centraba en estas dos ideas y en cómo se relacionaban con un nuevo tipo de conocimiento y una estructura única para quienes lo buscaban.

Entre las obras de Christian Rosenkreuz se encuentra «*La reforma universal*», que escribió poco antes de morir. También se publicó de forma anónima, aunque la mayoría de los estudiosos creen que fue el propio Rosenkreuz quien la escribió. En esta obra se discutían diversos aspectos de la sociedad y cómo podían mejorarse, demostrando un tipo de pensamiento inédito en Europa.

La muerte de Christian Rosenkreuz

La muerte de Christian Rosenkreuz coincidió con el Manifiesto Rosacruz. El documento hablaba de cómo Rosenkreuz sabía que se estaba muriendo, razón por la que decidió hacer pública esta obra. Lo hizo para proporcionar a la gente el conocimiento necesario para convertirse en hombres y mujeres sabios, tal y como él se veía a sí mismo.

Esta elección es importante porque ilustra el tipo de conocimiento que Rosenkreuz quería transmitir. Volcó sus pensamientos e ideas en este documento para proporcionar a la gente herramientas con las que mejorar sus vidas. Su sabiduría sigue estando muy presente hoy en día, tanto entre los miembros de la orden Rosacruz como fuera de ella.

Christian Rosenkreuz murió en 1484. Su muerte está rodeada de misterio y a menudo se describe vagamente. En su obra «*La reforma universal*», se refiere a sí mismo como enfermo. También dice que no teme su muerte inminente, sino que siente que es el momento adecuado para fallecer.

Se desconoce qué le ocurrió exactamente a Christian Rosenkreuz después de publicar «*La reforma universal*». Según algunas fuentes, su tumba fue descubierta en 1604 por un grupo de personas que querían restablecer la orden Rosacruz. La tumba estaba vacía y el cuerpo de Rosenkreuz nunca fue localizado. Esto se explica a menudo diciendo que alcanzó la inmortalidad y trascendió los límites de la muerte.

La idea de la búsqueda de la sabiduría y el conocimiento puede verse en otras obras rosacruces, como *Fama Fraternitatis*. Se trata de otro panfleto anónimo, publicado en Europa poco después del Manifiesto Rosacruz. La *Fama* se difundió por diversos lugares de boca en boca, lo que le permitió llegar a un público muy amplio.

En la *Fama*, Rosenkreuz compartía sus conocimientos a través del personaje del Padre C.R. Lo hacía para proporcionar un modelo a quienes deseaban buscar por sí mismos el conocimiento y la sabiduría. Su viaje lo reflejaba e indicaba a las personas la dirección que debían tomar. La *Fama* es una obra destacada del Rosacruz y sigue inspirando a la gente hasta el día de hoy.

Influencias en Rosenkreuz

No está claro de dónde proceden exactamente las influencias de Rosenkreuz, pero hay algunas posibilidades. Varias de sus ideas son similares a las del misticismo islámico, que se centra en la idea de que se puede alcanzar la sabiduría a través del conocimiento. Las artes herméticas, en las que Rosenkreuz estaba muy interesado, están relacionadas con el misticismo islámico. Por tanto, es probable que las ideas de Rosenkreuz procedieran del mundo musulmán. Independientemente de la proveniencia de sus influencias, no se puede ignorar el impacto que tuvieron en Christian Rosenkreuz y en la orden Rosacruz.

Christian Rosenkreuz fue una figura clave en la historia de la orden Rosacruz y su impacto todavía se ve hoy en día. Muchas de las ideas de la organización fueron introducidas por él, mientras que otras influyeron en su pensamiento. Aunque escribió muy poco y su papel en la creación de la orden Rosacruz es a menudo discutido, no se puede negar que Rosenkreuz influyó en el nacimiento de la organización. Sus ideas aún se encuentran en la literatura rosacruz, por lo que sigue siendo una figura importante en esta sociedad. Las ideas de Rosenkreuz han influido profundamente en muchos de los libros que escribe actualmente la orden Rosacruz.

Otras órdenes Rosacruces

La orden Rosacruz se extendió por todo el mundo y dio origen a varias logias en diferentes países. Aunque Christian Rosenkreuz y sus ideas influyeron en esta expansión, hubo otros factores que también contribuyeron. Una de las influencias está relacionada con el colonialismo europeo y el deseo de explorar otras regiones. Este objetivo les puso en contacto con diversas culturas extranjeras e influyó en sus puntos de vista sobre diferentes sociedades, incluida la logia Rosacruz.

Otra influencia en la expansión de la orden Rosacruz puede atribuirse a Johann Valentin Andreae. Andreae fue un destacado escritor y filósofo que escribió sobre muchos temas que interesaban a la gente de la época, incluyendo la alquimia y la Rosa Cruz. Sus obras inspiraron a muchos a unirse a la orden Rosacruz, ya que prometían que era un lugar donde podían aprender más sobre estos temas. Los rosacruces prefieren mantener en privado su estructura y sus integrantes, lo que hace que no esté claro cuántos miembros tiene la organización. Una fuente afirma que había unos tres mil miembros en la década de 1970, aunque este número puede haber cambiado desde entonces.

En cuanto al propio Christian Rosenkreuz, ya no aparece en la literatura producida por la orden. Las escasas referencias a él se refieren principalmente a su papel en la fundación de la Orden Rosacruz, y poco se ha escrito sobre él después de ese momento. Probablemente esto se debe a la naturaleza secreta de la orden, lo que dificulta hablar de la vida de Rosenkreuz. A pesar de ello, su impacto fue suficientemente importante para seguir siendo una figura prominente en la orden Rosacruz. Aunque escribió muy poco, está claro que sus ideas influyeron en la organización y en las futuras generaciones de rosacruces. Las ideas que introdujo todavía se encuentran en su literatura. Es probable que sigan influyendo a futuros miembros durante años.

La orden Rosacruz se ha expandido por todo el mundo y todavía cuenta con un gran número de miembros. Desde sus inicios en Alemania, la historia de la organización ha influido en diversos cambios en la forma de ver el mundo. La sucesión de su liderazgo y expansión puede atribuirse a diversos factores que transformaron la organización en lo que es actualmente.

La historia de la orden Rosacruz es dinámica y contiene muchos factores que influyen en su evolución y continuación. Christian Rosenkreuz es una figura extremadamente importante en la historia de la orden Rosacruz y su impacto aún puede verse hoy en día. La historia completa de Rosenkreuz está rodeada de leyenda. Independientemente de si las historias sobre su vida son ciertas, no se puede negar que su impacto en la orden Rosacruz es significativo. Además de fundar la logia, introdujo muchas de sus ideas y enseñanzas e influyó en la literatura que se sigue produciendo. Aunque no se puede subestimar su influencia, hay muchos otros aspectos de la historia de esta organización la han ayudado a continuar hasta nuestros días. Desde sus inicios en Alemania hasta su expansión por todo el mundo, la orden Rosacruz tiene una larga e interesante historia por explorar.

Capítulo 3: Los misterios de Hermes

La filosofía de los antiguos griegos, llamada Hermetismo, es uno de los temas más elusivos de la historia occidental. Aunque los eruditos modernos han ignorado en gran medida esta tradición, es innegable que influyó en muchas corrientes esotéricas occidentales importantes. La tradición hermética se remonta al dios griego de la alquimia, Hermes Trismegisto (en griego, «el tres veces grande»), que se identificaba con la deidad egipcia Toth, dios de la sabiduría y guardián de los secretos de la vida.

Hermes Trismegisto aparece en varias fuentes antiguas, algunas anteriores a Cristo. Algunos de estos textos se consideran auténticamente escritos por discípulos de Hermes Trismegisto o se atribuyen a autores antiguos que se cree que eran iniciados herméticos. Otros textos son espurios o pseudoepigráficos, lo que significa que no fueron escritos por un autor antiguo, sino que se atribuyeron a uno para aumentar su valor.

Los libros más comúnmente reconocidos del *Corpus Hermeticum* son *Asclepio*, *Poimandres* y *El discurso de la octava y la novena*. Estos libros recogen las enseñanzas de Hermes Trismegisto sobre temas como Dios, el alma y el mundo material. Sin embargo, hay que señalar que el hermetismo no se define solamente por lo que Hermes Trismegisto tenía que decir. El hermetismo es una filosofía antigua que se encuentra en en múltiples fuentes. Aunque estas fuentes no siempre son coherentes entre sí, tienen un hilo conductor común.

El núcleo de la tradición hermética es la comprensión de la naturaleza de Dios, el alma y el mundo material. Por tanto, el hermetismo se basa en el racionalismo, porque sostiene que la humanidad puede llegar a comprender a Dios, el alma y otros asuntos a través del conocimiento. El Contacto de Christian Rosenkreuz con el hermetismo se refleja en sus enseñanzas y en el simbolismo de la Fraternidad. Aunque los cristianos buscan afanosamente conexiones directas entre la masonería, el Rosacruz y la tradición hermética, tales conexiones son difíciles de identificar. Por ello, en este capítulo se presenta primero el hermetismo, y posteriormente se analiza la relevancia de las ideas herméticas para Christian Rosenkreuz.

Definiciones de hermetismo

El término «hermetismo» proviene del nombre del dios griego Hermes Trimegisto, que se identificaba con la deidad egipcia Thot en el Egipto helenístico y copto. El término «hermetismo» se refiere a los herméticos o a enseñanzas como las de Hermes Trismegisto.

Hermes Trismegisto fue el autor legendario de varios textos antiguos, algunos anteriores a Criato. La mayor parte de lo que sabemos sobre él procede del historiador y filósofo Flavio Filóstrato (170-243 d. C.). En su obra *Vida de Apolonio*, Filóstrato escribe sobre un sabio denominado «el egipcio», que se cree que vivió unos 1.500 años antes de Cristo. El sabio tenía unos enormes conocimientos de historia, astronomía y matemáticas y se decía que era autor de más de 36.000 libros (muchos de ellos sobre magia y medicina). Según algunas fuentes, era también un alquimista capaz de transmutar metales comunes en oro.

Richard Hamer califica al sabio como «figura de una antigüedad casi inimaginable» (*El arte oculto: Simbolismo alquímico y ocultista en el arte* [Nueva York: Thames and Hudson, 1981]). Aunque hay pocas pruebas que apunten a un individuo real con el nombre de Hermes Trismegisto, algunas fuentes antiguas creían en su existencia. Una de las razones de la confusión histórica es que «Thoth» era una de las formas egipcias de Hermes, también conocido como «Hermes Trismegisto» por los griegos.

El *Corpus Hermeticum*

Muchos de los textos atribuidos a Hermes Trismegisto reciben el nombre de «*Corpus Hermeticum*», una colección que contiene diferentes obras. Se cree que los textos más antiguos se escribieron durante los primeros siglos de nuestra era. Sin embargo, algunos estudiosos les asignan fechas aún más tempranas, ya que es dudoso que los autores del *Corpus Hermeticum* vivieran aún en la época en que les fueron atribuidos los textos.

No se sabe con certeza el número exacto de libros que componen el *Corpus Hermeticum*. Los más reconocidos dentro de esta colección son «*Poemandres*», «*Asclepio*» y «*El discurso sobre la octava y la novena*». Estas tres obras contienen casi todo lo que los comentaristas antiguos consideraban importante sobre la filosofía hermética. Sin embargo, también hay algunos textos que las fuentes más antiguas atribuían a Hermes Trimegisto, pero que se han perdido. Entre ellos se encuentran los «*Tres libros de filosofía oculta*» y «*El libro de Hermes*», un texto que contiene una lista de espíritus astrales. Sobre este último libro, Karl Luckert escribe:

«En él [Hermes] describe, con todo detalle un método tal vez utilizado por prestidigitadores y magos de la época del Renacimiento para levantar espíritus del plano astral y utilizarlos con fines mágicos». (*Símbolos de transformación en la Antigüedad tardía: Misterios de las escrituras de Nag Hammadi* [Londres: State University of New York Press, 1995], 236).

El *Corpus Hermeticum* se abre con la que posiblemente sea la obra más importante de la filosofía hermética, *Poemandres*. Los demás textos de esta colección suelen considerarse comentarios de este. *El Discurso sobre la octava y la novena* es otro texto importante dentro del *Corpus*

Hermeticum que trata de la ascensión del hombre hacia Dios. Otro texto clave que proporciona una visión del Hermetismo esotérico es *Asclepio*. Esta obra afirma contener las palabras de un ser espiritual que habla sobre los misterios de la creación y los secretos del pasado y el futuro del ser humano. Además, también hay una serie de himnos en el *Corpus Hermeticum* que se atribuyen a Hermes Trismegisto.

Ramas del hermetismo

Después de Hermes Trimegisto, la figura más importante en la historia del ocultismo occidental es Cornelio Agripa (1486-1535 d. C.). Varias ramas del ocultismo se basan en gran medida en sus escritos. La filosofía de Agripa combinaba la teología cristiana con las prácticas mágicas y la filosofía hermética. Su obra en tres volúmenes sobre ciencias ocultas, *De Occulta Philosophia Libri Tres* (*Tres libros de filosofía oculta*), es uno de los mejores ejemplos de esta combinación en el ocultismo occidental. El libro trata temas como la magia, la alquimia, la astrología y la Cábala (una antigua forma de misticismo judío).

A principios del siglo XVII surgieron varias escuelas ocultistas. Entre ellas estaban la de Rosacruz y la masonería. Los rosacruces afirmaban poseer una doctrina secreta que contenía una perla de sabiduría universal. En 1614 d. C., alguien de Alemania envió un manuscrito anónimo titulado *Fama Fraternitatis* (la *Fama* de la Fraternidad de Rosacruz). El libro trataba de una hermandad secreta fundada por Christian Rosenkreuz. Describía lo que esta persona había visto en sus viajes y contenía instrucciones para convertirse en miembro de esta orden mística.

Un año más tarde, apareció otro tratado bajo el nombre de *Confessio Fraternitatis* (la *Confesión* de la Fraternidad de Rosacruz), que probablemente fue escrito para refutar algunos aspectos del primer libro. En él se ofrecía más información sobre esta sociedad secreta y su fundador, Christian Rosenkreuz. En 1616 apareció en Alemania un tercer volumen, titulado *Las bodas químicas de Christian Rosenkreutz* (que tuvo varias ediciones posteriores). Este volumen era una ficción que tenía muchos elementos en común con la alquimia.

Las ideas del movimiento Rosacruz se extendieron por toda Europa. Cualquiera que tuviera interés por las disciplinas esotéricas había oído hablar de esta misteriosa hermandad, que afirmaba poseer conocimientos secretos relacionados con la Cábala, la astrología, la alquimia y la magia. Después de 1616 d. C. aparecieron varias obras relacionadas con el movimiento Rosacruz. Entre ellas se encuentran *Camino químico* y *La boda de los opuestos* (ambas de 1617 d. C.) y *Teatro de astronomía terrestre* (de 1619).

A principios del siglo XVIII, se publicó anónimamente en Inglaterra una obra titulada *El tratado químico* u *Homilías alquímicas*. Probablemente fue escrita por Thomas Vaughan (1621-1666 d. C.). Vaughan también fue el autor de *Éufrates, o Las aguas de Oriente* (publicada en 1650 d. C.), obra que inspiró a místicos durante generaciones.

La Orden Hermética de la Aurora Dorada

Las obras de Agripa ejercieron una amplia influencia en muchas escuelas esotéricas. La Orden Hermética de la Aurora Dorada fue una de ellas. Esta orden fue fundada alrededor de 1888 d. C. por tres masones, William Wynn Westcott (1848-1925), Samuel Liddell MacGregor Mathers (1854-1918) y William Robert Woodman (1828-1891). La mitología de la orden se basaba en la leyenda de Christian Rosenkreuz, que también fue presentado como su fundador.

La Orden de la Aurora Dorada es más conocida por sus enseñanzas sobre magia influenciadas por las tradiciones esotéricas tanto occidentales como orientales. Entre otras cosas, esta escuela enseñaba a sus miembros a trabajar con símbolos, amuletos, talismanes y la Cábala. Estos símbolos estaban relacionados con un sistema de magia ritual cuyos ritos se utilizaban para la purificación espiritual, el autoconocimiento y el desarrollo de la conciencia.

La pertenencia a esta orden requería la iniciación en tres grados diferentes: *Neophyte* (iniciado), *Zelator* (probacionista) y *Philosophus* (filósofo). Una vez completados estos tres grados, los miembros podían estudiar la Cábala, una antigua forma de misticismo judío estrechamente relacionada con el hermetismo y la magia.

La mayoría de los miembros de esta orden eran también masones. Esto es comprensible, porque la masonería tiene una tradición en el esoterismo occidental que se remonta a la Edad Media. En la masonería, los miembros adoptan un sistema de moralidad basado en las enseñanzas herméticas. La influencia de la masonería en la Aurora Dorada era especialmente clara en el uso de símbolos y ritos de iniciación. Los miembros debían llevar una corbata masónica específica para participar en las reuniones. Los nombres de los distintos grados de esta orden también venían de la masonería y tenían un significado alquímico asociado a la transformación.

Tras la muerte de Mathers, Aleister Crowley (1875-1947) se convirtió en el líder de la Orden Masónica (o *Stella Matutina*), que era una rama de esta hermandad. Esta orden fue la sucesora de la Aurora Dorada, y Crowley desarrolló aún más sus enseñanzas en ella. Crowley desempeñó un papel fundamental en el hermetismo moderno. Entre otras cosas, escribió varias obras sobre magia y alquimia.

Crowley también fundó otra organización mágica llamada *The Argenteum Astrum* (o Estrella de Plata), en la que se inspiró la masonería. Esta orden sigue existiendo hoy en día y es muy conocida por sus enseñanzas sobre magia. Cuenta con varias logias en distintos países del mundo, entre ellas cuatro situadas en la ciudad de Nueva York.

Uno de los representantes más influyentes del hermetismo moderno fue Carl Gustav Jung (1875-1961). Fue un psiquiatra suizo que inicialmente estudió el psicoanálisis freudiano, pero más tarde se interesó por temas como la filosofía y la espiritualidad oriental. En concreto, Jung quedó cautivado por la alquimia debido a su simbolismo psicológico. También comparó la estructura de la psique con la de la materia, un tema que se encuentra tanto en el hermetismo como en la alquimia.

A veces se considera a Jung el padre del movimiento *New Age* por sus estudios sobre espiritualidad y medicina alternativa. También se interesó por la astrología, que creía relacionada con la alquimia. Aunque algunos autores contemporáneos lo califican de místico, Jung no se identificaba con este término por sus connotaciones religiosas. Sin embargo, sí reconoció que había experimentado otra forma de realidad al principio de su carrera, a veces comparable con una experiencia mística.

Por eso Jung creía en un concepto llamado sincronicidad, que describía como «coincidencias significativas». Su idea era que las personas están conectadas con el mundo en un nivel más profundo del que pueden explicar las leyes de la naturaleza. Desde esta perspectiva, las personas y los «patrones cósmicos» interactúan entre sí, aunque no exista una relación causal entre ellos.

Jung fundó una escuela psicológica llamada psicología analítica. Debido a su misticismo, se ha reinterpretado como parte del hermetismo moderno. Para ilustrar un ejemplo, Jung describió su teoría como una ciencia empírica basada en la introspección y las enseñanzas budistas. En algunas de sus obras, asoció el inconsciente con la energía primordial llamada «libido», que se relaciona con principios herméticos como el prana o la energía sutil del yoga *Kundalini*.

El símbolo de las tradiciones herméticas

El símbolo de las tradiciones herméticas es un dibujo de Hermes Trimegisto creado por el ocultista francés Eliphas Levi (1810-1875). La imagen representa a Hermes sosteniendo un cetro ovalado en la mano izquierda. En la parte superior del dibujo hay dos serpientes con las cabezas entrelazadas. La serpiente de la derecha suele representarse con la cola en la mano de Hermes, mientras que la de la izquierda tiene su boca en las manos del sabio.

El cetro que sostiene Hermes representa la luz astral o la energía mágica. También puede simbolizar el conocimiento o la gnosis, ya que se dice que fue creado por el antiguo dios egipcio Thoth, conocido como el dios de la escritura, la magia y la sabiduría. Las dos serpientes también representan la luz astral, y sus cabezas simbolizan la energía positiva y la negativa. La serpiente de la izquierda es la «serpiente de las tinieblas», asociada al mal en la mitología del antiguo Egipto.

La forma ovalada que sostiene Hermes tiene un doble significado. Hace referencia a la forma del universo, y se supone que representa una «*vesica piscis*». Este término procede del latín y significa «vejiga de pez». En la época medieval, se creía que era lo que se encontraba en el vientre de un pez después de abrirlo. La *vesica piscis* puede utilizarse como representación visual de la intersección entre dos círculos, que se utiliza como símbolo de planos superiores de la realidad.

El dibujo, obra de Eliphas Levi, se hizo muy popular en los círculos ocultistas y ha sido utilizado como logotipo por diferentes grupos esotéricos como la Orden Hermética de la Aurora Dorada o Thelema. En estos entornos, Hermes Trismegisto es conocido como el iniciador de los Antiguos Misterios, que enseñó diversas doctrinas esotéricas a la humanidad. Esto incluye la alquimia o «ciencia hermética», que se convirtió en una parte importante del hermetismo.

A veces se describía a Hermes Trimegisto como un dios que gobernaba la antigua civilización egipcia. Sin embargo, en otros casos era considerado un hombre que vivió durante el periodo faraónico y que fue iniciado en el conocimiento esotérico por los antiguos egipcios. En general, el hermetismo moderno no está asociado a ninguna cultura o religión en particular. Ha recibido influencias de la mitología egipcia, la filosofía griega, la alquimia medieval, la magia renacentista y el ocultismo del siglo XIX.

Para comprender mejor la tradición hermética, es necesario hablar del *Corpus Hermetica,* que es una colección de textos místicos. Este conjunto de escritos se atribuyó a Hermes Trimegisto y se hizo muy popular en el Renacimiento por sus vínculos con la magia y la alquimia. Sin embargo, los eruditos modernos coinciden en que no tuvo un autor único y que fue una colección de escritos de diferentes épocas y autores. Las obras incluidas en el *Corpus Hermetica* se remontan al año 200 a. C., pero probablemente se escribieron entre el siglo III y la primera mitad del siglo II después de Cristo.

Los textos que componen este corpus describen a Hermes Trimegisto como un sabio capaz de revelar verdades divinas a través de sus escritos. Algunos de los escritos que se incluyen en esta colección son «*Poimandres*», que también se conoce como «*La visión de Hermes*», e incluye el primer escrito hermético llamado «*Texto sin título*». Otras obras representativas son «*Asclepio*» y «*El discurso de Hermes a Tat*». Algunos eruditos también incluyen partes de los escritos herméticos encontrados en *Nag Hammadi* en este cuerpo de conocimiento.

La obra más influyente del *Corpus Hermetica* es el «*Corpus Hermeticum I*». Fue traducida al latín durante el Renacimiento italiano por Marsalis Ficini, considerado el líder de la Academia Florentina de la época. Esta obra se considera uno de los ejemplos más destacados del pensamiento renacentista. Incluye varias enseñanzas atribuidas a Hermes Trimegisto. Por ejemplo, hay una discusión entre Poimandres y Hermes sobre «el Uno» y su «*nous*», término griego que significa «mente». Hermes también revela los secretos de la naturaleza, la creación y el ser humano.

Las enseñanzas herméticas en el «*Corpus Hermeticum I*» fue lo suficientemente importante para influir en las primeras representaciones modernas de Hermes Trimegisto. Varios artistas del Renacimiento lo representaron como una persona con turbante, similar a como se ilustraba en el arte islámico. En algunos casos, se le ha representado como un sabio o un ángel, mientras que otros artistas lo han figurado sosteniendo pergaminos con símbolos ocultos y enseñanzas herméticas.

El hermetismo influyó considerablemente en la magia y la alquimia del Renacimiento. Por ejemplo, los alquimistas utilizaban el nombre griego «Hermes» como palabra clave para su arte. Creían que su nombre estaba asociado a Mercurio y lo consideraban un elemento esencial en la alquimia. La magia renacentista también tomó prestados varios símbolos de los escritos herméticos y los utilizó como parte de sus rituales e intentos de comunicarse con entidades celestiales.

En muchos casos, el hermetismo del Renacimiento se utilizó con fines políticos. Algunos gobernantes italianos intentaron legitimar su poder utilizando símbolos ocultos y vinculándolos con su gobierno. Cosme de Médicis (1389-1464) fue uno de ellos, interesado en las enseñanzas herméticas gracias a su amistad con Ficino. Cosme fue un importante mecenas del Renacimiento y también patrocinó traducciones de textos griegos al latín, entre los que se incluían escritos herméticos.

Aunque no es posible señalar una única definición de hermetismo, puede decirse que esta antigua tradición está asociada con símbolos, enseñanzas y rituales específicos. Ha influido en muchas tradiciones ocultistas y esotéricas, además de que su presencia también se ha observado en prácticas modernas.

En resumen, el hermetismo es una antigua tradición que ha influido en muchas corrientes ocultistas y esotéricas. Algunas de sus influencias más reconocidas en las tradiciones modernas incluyen la alquimia y la magia renacentista. Christian Rosenkreuz, héroe de los manifiestos rosacruces, también fue influenciado por las enseñanzas herméticas. Las estudió durante sus viajes e intentó transmitirlas a otras personas. Entre los conocimientos que transmitió se encontraban las enseñanzas ocultistas, que sus seguidores creían que podían utilizar para alcanzar objetivos místicos. Los manifiestos rosacruces también revelaban varios símbolos que los rosacruces modernos siguen utilizando hoy en día.

Capítulo 4: *Poimandres*: Un manuscrito gnóstico

Los escritos herméticos son una colección de antiguos textos egipcios que probablemente se originaron en un culto iniciático sacerdotal en Alejandría, Egipto, alrededor del siglo II de nuestra era. Solo han sobrevivido unos pocos documentos del culto, que se encontraron de forma muy fragmentaria bajo el título «*Hermetica*» (en griego, «de los egipcios», de ahí la procedencia egipcia de estos textos). Algunos de ellos fueron conocidos durante mucho tiempo como «escritos de los templos de Egipto» (probable origen del nombre Hermes Trismegistos). Una famosa colección de escritos egipcios se atribuye al antiguo dios egipcio Thoth, también llamado Trismegisto (como en «tres veces grande», una designación típica de los dioses egipcios). Los escritos herméticos eran una serie de textos con una mezcla de mensajes crípticos sobre números y letras y especulaciones filosóficas.

La combinación de letras y números se consideraba especialmente importante. Hasta cierto punto, esta creencia también ha influido en nuestra cultura actual. Por ejemplo, la Cábala (una forma judía de misticismo) fue muy influenciada por las enseñanzas de los escritos herméticos, que trataban de la interpretación de las letras del alfabeto hebreo. La combinación de letras y números no era exclusiva del antiguo Egipto ni de Alejandría, aunque no está claro si los escritos herméticos tienen un origen puramente egipcio o si deben algunas de sus ideas al gnosticismo, otro movimiento religioso que se originó en Alejandría.

No obstante, los escritos herméticos fueron compilados por griegos. Por lo tanto, es posible que haya algunas influencias gnósticas en estos textos. Este capítulo trata sobre un texto hermético particularmente famoso que ha sobrevivido de forma fragmentaria. Se llama *Poimandres*, que significa «el pastor de los hombres». Este documento es de gran relevancia para el hermetismo porque contiene muchos de los temas de otros escritos herméticos.

El *Poimandres*

El primer texto hermético, el *Poimandres*, fue escrito por un autor griego desconocido, que se consideraba a sí mismo un «profeta», inspirado por «Dios» para escribir este texto. Por esa razón, escribió en primera persona del singular. Se presentó de la siguiente manera:

«Yo, Poimandres, la mente del poder absoluto... escribí esto para ti...».

Hay varias razones para dudar de la autenticidad de este texto. Con su referencia a «Dios» y a sí mismo como profeta, el escritor parecía tomarse muy en serio. Su afirmación de que vio a Poimandres, el «primero» o «la mente», en una visión puede ser cierta hasta cierto punto. Sin embargo, que haya escrito lo que vio inmediatamente después parece inverosímil. El texto no está escrito en un estilo singular. Además, aunque fue escrito en Egipto, el autor afirma que vio a «Dios» de forma alegórica. Esto implica que el autor tenía una visión muy helenista (griega) del mundo, lo que resulta extraño si escribió lo que había visto inmediatamente después de su visión. Es de suponer que tardaría al menos algún tiempo en plasmar la visión en un texto coherente.

Los problemas textuales mencionados pueden deberse al proceso de «traducción». El texto fue escrito en una lengua semítica, que se conoce como copto. Se trata de la última etapa de la lengua egipcia. Sin embargo, también contiene restos de griego. La referencia del autor a sí mismo como «profeta» y su afirmación de que escribió lo que había visto inmediatamente después de su visión serían difíciles de explicar si el texto estuviera escrito en copto. Sin embargo, es posible que escribiera su visión en griego y que posteriormente la tradujera al copto.

El *Poimandres* se divide en tres secciones. Esta división fue propuesta por primera vez por el matemático y filósofo inglés Sir Thomas Browne (1605-1682). El libro está escrito como una visión apocalíptica de lo que ocurriría si no se siguieran las enseñanzas que contiene. La primera sección se ocupa del conocimiento, mientras que la segunda y la tercera se centran en la ética.

El contenido del *Poimandres*

El *Poimandres* está escrito en forma de diálogo entre Poimandres y Hermes Trismegisto, considerado una figura influyente en el hermetismo, aunque nuestros conocimientos sobre esta persona son muy limitados. En este diálogo, Poimandres es el maestro y Hermes Trismegisto el alumno. Poimandres incluso afirma haber escrito en tablas de piedra, que quiere que Hermes Trismegisto lea.

El *Poimandres* comienza describiendo una visión apocalíptica en la que Poimandres, que representa la sabiduría divina, explica el origen del universo y cómo todo está compuesto de luz. Este era un tema importante para los hermetistas porque explicaba por qué el mal estaba presente en todo, pero permanecía oculto.

La segunda sección del *Poimandres* también es apocalíptica. Hermes Trismegisto tiene visiones de acontecimientos futuros que recuerdan guerras y plagas bien conocidas. Esta sección es especialmente importante para los hermetistas porque afirma que el dios egipcio Thoth traerá una renovación espiritual en el futuro. Sin embargo, no está claro si esto ocurrirá a través de inventos o de la intervención divina desde otro mundo. La segunda sección termina con Hermes Trismegisto viendo su cuerpo físico muerto en el suelo.

Hermes Trismegisto no muere, sino que sigue viviendo en el mundo espiritual. Ve un «palacio» y es conducido a él por Poimandres. Allí, Hermes Trismegisto experimenta lo que él describe como un «martirio». Sin embargo, su cuerpo físico permanece vivo y sano. La tercera sección del *Poimandres* es una fuente muy apreciada por los hermetistas porque trata de cómo alcanzar la iluminación. El *Poimandres* explica que Hermes Trismegisto debe combinar su razón con la fe para alcanzar el conocimiento. Esta combinación también la explica más claramente Nicolas-Claude Fabri de Peiresc (1580-1637), abogado francés e importante hermetista de principios del siglo XVII.

La forma de lograr la iluminación también se explica en la segunda sección del *Poimandres*. Hermes Trismegisto debe centrar su atención en asuntos espirituales y no distraerse con cosas materiales, según Peiresc. Este proceso se conoce como «purificación». Sin embargo, no todos los eruditos están de acuerdo en el significado exacto de este término. También es posible que las dos palabras tuvieran significados distintos. Algunos se concentraban en este tema desde un punto de vista ético, mientras que otros buscaban la pureza en sí misma.

Más allá de esto, un tema central del *Poimandres* es que cualquiera puede alcanzar la iluminación. Sin embargo, el camino para alcanzarla es siempre difícil y doloroso, porque requiere una transformación interior de la mente y el alma. Esta transformación conduce a un nuevo yo divino que existe en armonía con el universo y su creador, sin importar si su dios es conocido, como Poimandres, o no.

Probablemente, el *Poimandres* fue escrito por un hombre llamado Aurelius Polio, que vivió en el siglo II de nuestra era. Sin embargo, los eruditos no están seguros de esta atribución. Otra posibilidad es que algunas partes fueran escritas por un escriba cristiano y otras se añadieran posteriormente. Según varios estudiosos, el *Poimandres* se inspiró en el libro homónimo de Antonio Diógenes (siglo III). En este libro, el autor afirmaba que Dios era una entidad separada del mundo material y pudo ser uno de los primeros textos de la historia en hacerlo.

El *Poimandres* también es anterior a otra obra destacada de la historia hermética: *Las enseñanzas de Hermes Trismegisto*. Según algunos estudiosos, esto puede significar que los conceptos que se encuentran en el *Poimandres* no fueron directamente influidos por la filosofía griega, ya que aún se difundían oralmente. Sin embargo, otros discrepan de este análisis y afirman que el *Poimandres* muestra signos de platonismo.

La importancia del *Poimandres*

El *Poimandres* fue muy leído en los primeros siglos de la era cristiana. Influyó en muchos filósofos herméticos al proporcionarles un trasfondo espiritual a sus pensamientos e ideas. El autor de este texto afirmó haber escrito estas enseñanzas utilizando manuscritos anteriores, lo que puede significar que muchos filósofos anteriores a él también recibieron la influencia de Hermes Trismegisto.

El *Poimandres* es uno de los libros más importantes de la historia hermética por varias razones. En primer lugar, está escrito en un lenguaje inteligible, a diferencia de los textos mágicos encontrados a lo largo del siglo II, que a menudo estaban escritos en claves incomprensibles. En segundo lugar, es uno de los primeros y más importantes textos herméticos que influenciaron a muchos otros eruditos y filósofos.

El *Poimandres* también es significativo porque da nombre a su autor: Hermes Trismegisto, que significa «Hermes el tres veces grande». Esto no se limitó a este texto. Según algunas fuentes, Hermes Trismegisto era una amalgama de varios personajes griegos asociados con el dios Hermes.

El *Poimandres* se centra en la ascensión, también conocida como «iluminación» o toma de conciencia de uno mismo y del mundo divino. Esto significa que sus enseñanzas no se limitan a los hermetistas. Cualquiera interesado en buscar la iluminación puede encontrar inspiración en este texto. El *Poimandres* es uno de los libros más antiguos escrito específicamente para los hermetistas, lo que significa que es un recurso crucial para comprender ciertos elementos de su historia y espiritualidad.

El personaje del Poimandres

En el *Poimandres*, Hermes Trismegisto es llevado a un viaje de autodescubrimiento por un ser llamado Poimandres, que significa «conocimiento de las cosas». Este ser guía a Hermes a través del universo y le revela sus secretos, conduciéndolo finalmente a un encuentro con Dios o el Ser Supremo. A través de esta experiencia, Hermes adquiere un conocimiento divino que le permite comprender el universo y su fin último.

Como muchos otros textos de la historia hermética, incluidas las cartas supuestamente escritas por Jesucristo o los relatos apócrifos de su vida, el *Poimandres* está lleno de sabiduría y lecciones morales, enseñadas a través de la narración de un viaje. En este caso, Hermes realiza un viaje personal que lo lleva a comprender el universo y la creación.

Este es también uno de los primeros libros de la historia hermética donde se discute su concepto de «verdadera» o «falsa» gnosis, que significa conocimiento. Según algunos estudiosos, esto significa que el *Poimandres* se puede leer como una guía esotérica para el autodescubrimiento, al igual que otras escrituras gnósticas de las religiones orientales. El *Poimandres* no es el único texto de la historia hermética que habla del conocimiento. De hecho, esta idea se remonta al *Corpus Hermeticum*, escrito entre los siglos II y IV de nuestra era. Esto significa que el conocimiento fue uno de los conceptos centrales en la historia hermética, lo que probablemente contribuyó a su impulso por la sabiduría.

El *Poimandres* no solo es un texto importante por su influencia en otros eruditos, sino que también pone de relieve el viaje de Hermes en busca de la iluminación y la comprensión. Muestra cómo Hermes deja atrás su vida materialista para concentrarse en el autodescubrimiento y la conexión con lo divino. Por este motivo, muchos filósofos y eruditos siguen leyendo el *Poimandres*, que ha influido en la historia hermética de un modo significativo y que sigue inspirando a la gente.

Aunque el *Poimandres* es un texto significativo para la historia hermética, puede decirse que tiene algunos elementos gnósticos que se remontan a las religiones orientales. Algunos estudiosos creen que podría haber sido influenciado por las ideas budistas de la iluminación y la ascensión a través de la meditación. Esto significa que Hermes podría haberse inspirado en gran medida en el budismo, que también hace hincapié en la comprensión del Ser Supremo y un camino hacia la iluminación.

El *Poimandres* es un texto importante para la historia hermética, porque muestra cómo se empezó a hablar de la gnosis o conocimiento, probablemente estuvo influenciado por religiones orientales como el budismo. Esto significa que se puede leer este manuscrito hoy en día como una guía esotérica que conduce a sus lectores por el camino a la iluminación.

El *Poimandres*, que en griego latinizado significa «el pastor de los hombres», o, en otras palabras, Hermes Trismegisto, es el más famoso de los textos herméticos (Deeg & van den Broek, 2). Mezcla de varias tradiciones griegas asociadas a su dios Hermes (Thoth en egipcio), Hermes Trismegisto es una combinación del dios griego Hermes y el dios egipcio Thoth. Según la leyenda, Thot era un ser inteligente que trajo la escritura y el lenguaje a la humanidad en una época en la que todo era caos. Como resultado, se desarrolló en torno a él un culto que buscaba la comprensión de los misterios más profundos de la vida a través del conocimiento y el autocontrol.

Esta combinación de Hermes y Thot se representa en el *Poimandres*, o «*La visión de Hermes*», que es parte de la colección de textos herméticos llamada *Corpus Hermetica*. Este texto relata cómo Hermes Trismegisto es llevado a un viaje espiritual por Poimandres, o su «yo interior» (Deeg & van den Broek 10). Este viaje estaba destinado a iluminar a Hermes y darle poder a medida que adquiría conocimientos sobre el universo y entendía la creación, acercándose a la comprensión de la realidad.

El gnosticismo y el *Poimandres*

El término «gnosis» significa conocimiento. Fue popularizado principalmente por Platón, que lo utilizó en su famosa obra *La República* (OED). Las ideas gnósticas se formaron posteriormente en torno a la idea de gnosis, ya que la gente creía que podía obtener conocimiento o aprender sobre la realidad a través de la comprensión, la lectura y la observación del mundo circundante. Este conocimiento, sin embargo, a menudo llegaba a través de la inspiración divina y no de la visión de la realidad tal y como era (OED). Como resultado de esta filosofía, los textos gnósticos no estaban destinados a ser leídos por la mayoría de la gente, ya que solo un «iluminado» podía comprender su significado (Deeg & van den Broek, 11).

El *Poimandres* también tienen elementos gnósticos. De hecho, algunos estudiosos creen que el término «gnosis» fue acuñado por Hermes Trimegisto (Deeg & van den Broek, 3). Esto significa que muchas de las ideas asociadas con el gnosticismo se remontan a Hermes Trismegisto. Muchas partes del texto hacen referencia a creencias gnósticas, como el énfasis en la meditación o el conocimiento que solo puede obtenerse a través del autocontrol. El objetivo de alcanzar la iluminación que tenía Hermes es algo en lo que también enfatizaban los gnósticos.

El *Poimandres* contiene muchos temas comunes a los textos gnósticos. Uno de ellos es el énfasis en el conocimiento y el auto-empoderamiento. Hermes comenzó su viaje espiritual después de escuchar una voz que le dijo: «*Eres un dios inmortal*» (Deeg & van den

Broek, 11). Tras darse cuenta de esto, Poimandres le explica la existencia de una realidad más allá del mundo físico y que solo puede comprenderse comprendiéndose a sí mismas. Hermes también aprendió sobre los siete cielos, que se consideran realidades separadas de las físicas. Cuando finalmente regresó a su cuerpo después de la iluminación, se dio cuenta de que la mayoría no puede ver lo que él ha visto porque no ha sido iluminada.

Otro tema común en los textos gnósticos es la idea de un mundo hostil o un demiurgo. Algunos estudiosos creen que esto se convirtió en un tema central en muchas otras religiones después de que Hermes Trismegisto lo introdujera. En el *Poimandres*, el demiurgo se revela a Hermes cuando él se pregunta quién o qué lo creó todo. Así se entera de que había un «señor» de toda la creación llamado Ialdabaoth, que decidió crear otros seres porque se sentía solo. Debido a que este dios fue creado por otro, no era omnisciente ni tan poderoso como su creador. Sin embargo, no quería admitir este hecho.

Debido a su orgullo y a su falta de voluntad para aceptar que había algo más grande que él, Ialdabaoth creó el mundo. Esto es similar al concepto del demiurgo en los textos gnósticos, porque pone de relieve lo malvado que es el mundo y que la gente no debería estar dispuesta a aceptar esa maldad.

Aunque Hermes Trimegisto era conocido por ser un filósofo hermético, también tenía fuertes vínculos con el esoterismo. El *Poimandres* revela muchas ideas esotéricas diferentes que todavía tienen seguidores hoy en día. La historia de la iluminación de Hermes también es un ejemplo de esoterismo. Muchos textos escritos por Hermes Trismegisto se centran en el conocimiento y las ideas esotéricas. Algunos ejemplos son el *Kybalion*, escrito alrededor de 1912, y el *Corpus Hermeticum*, escrito en el siglo II de nuestra era.

Hermes Trismegisto también fue conocido por ser el autor de la *Tabla de esmeralda*, escrita hacia el año 40 después de Cristo. Este documento ha sido tema de discusión entre muchos alquimistas, ya que trata diversos temas relacionados con la alquimia, como la creación del mundo y la filosofía de la transmutación.

Poimandres: Un manuscrito gnóstico que explora algunas de las principales ideas asociadas con el gnosticismo y el hermetismo. El texto está escrito como un diálogo entre Hermes y Poimandres, que representa el conocimiento o la sabiduría. Como muchos textos gnósticos, enfatiza en la idea de que se debe buscar la autoiluminación y que solo se puede comprender la realidad a través de la comprensión de sí mismo.

El *Poimandres* tiene muchas influencias diferentes, tanto de la tradición hermética como de la gnóstica. Como Hermes era conocido por ser el fundador del hermetismo, mucha gente lo asocia con esta tradición. Sin embargo, Hermes también era conocido por tener fuertes vínculos con el gnosticismo, que es la principal influencia del *Poimandres*. El texto también tiene influencias de la mitología egipcia, lo que se aprecia en la historia de la iluminación de Hermes. Tras su iluminación, le dicen que puede volver al mundo físico y compartir lo que ha aprendido si accede a hacerlo. Sin embargo, no pudo regresar igual, porque se había vuelto más sabio. En su lugar, Hermes tuvo que entrar en el mundo a través de su hijo, Tat.

Como resulta obvio tras leer lo anterior, Hermes Trismegisto y sus enseñanzas influyeron notablemente en muchas religiones y culturas. Sus ideas pueden rastrearse a lo largo de la historia, ya que han sido adaptadas a nuevos propósitos o cambios en la sociedad. Por ejemplo, el *Poimandres* se ha utilizado como manifiesto de la magia del caos, ya que discute ideas relevantes para esta creencia religiosa. Además, el *Corpus Hermeticum* fue un texto clave del neoplatonismo renacentista por sus ideas llamativas para la gente, que quería leerlas y descubrirlas. Hermes Trismegisto comienza como un dios pagano, pero también es la figura central de la filosofía hermética. Sus ideas han influido en muchos aspectos de la vida cotidiana y esto se demuestra con la cantidad innumerable de veces que se ha contado su historia.

El Poimandres ha sido un texto de interés para muchos tipos de personas. Esto se debe a que contiene muchas ideas religiosas y filosóficas que siguen siendo relevantes hoy en día. Los lectores suelen hacerse preguntas después de leer el *Poimandres*, lo que resulta un indicio de las propias creencias espirituales.

Capítulo 5: El misticismo de la *Merkavah*

«Todos los místicos hablan la misma lengua, pues proceden del mismo país» - Louis-Claude de Saint-Martin.

El misticismo de la *Merkavah*, o la tradición mística de cantar y alabar a Dios a través de la visión de su carro celestial (*Ikavah*), es una de las tradiciones místicas más antiguas que existen. Aunque tiene antecedentes, como la antigua literatura cananea e israelita *Merkavah* (*Ikavah*) que data del siglo V a. C., se trata de un sistema místico que se desarrolló plenamente durante el primer milenio a. C. y floreció especialmente en la Edad Media, cuando fue recogido y practicado por la mayoría de las órdenes místicas cristiano-europeas, como los Artífices Dionisíacos (fundados hacia 1406), los Rosacruz (fundados en 1598) y la masonería (fundada en 1717).

La tradición del misticismo de la *Merkavah* se basa en la revelación mística de la *Merkavah* celestial (la carroza o carroza-trono de Dios) y los «palacios celestiales» (*Hekhalot*), tal y como se describen en la literatura rabínica, como los *Hekhalot* y *Merkavah Rabbati*, y el *Midrash Yelamdenu*. Esta literatura se basa principalmente en un corpus de tradiciones orales conocidas entre los siglos I y VI de nuestra era, pero que se plasmaron por escrito solo entre los siglos VIII y XII.

La práctica mística de la *Merkavah* se basa en la idea metafísica de que Dios se revela en las cámaras más recónditas (*Hekhalot*) de los reinos espirituales. El místico visionario centra su adoración y alabanza a Dios en su carro-trono (*Merkavah*), situado en el palacio celestial más íntimo (*Hekhalot*), y que contiene la gloria de Dios (*Kavod*). Así, el conocimiento metafísico del místico se resume en la «visión de Dios» en su carro-trono, donde Él se revela como maestro (*Baal*) y padre (*Ab*), así como santo (*Saba*).

Este capítulo resume los pasajes relevantes de la oscura literatura rabínica que describe el fundamento metafísico del misticismo de la *Merkavah*. Se explora en detalle el símbolo místico del trono-carro de Dios (*Merkavah*). Esto seguido de un resumen de la práctica mística del canto y un análisis paso a paso de la Cruz cabalística y el Pilar medio, un ejercicio basado en las esferas que corresponden al pilar medio (o central) del Árbol de la Vida.

Los orígenes de la Cábala

Muchos estudiosos occidentales utilizan a menudo el término «Cábala» para designar la totalidad del misticismo judío, pero este uso del término es bastante problemático, ya que limita el alcance del misticismo judío a una escuela de pensamiento específica. El término «Cábala» puede entenderse como un término paraguas en el que entran todas las tradiciones místicas del judaísmo, pero hay que señalar que este término no es utilizado en su sentido original por los judíos rabínicos o cabalistas. Su origen proviene del griego *QBLH*, que significa «tradición», y se utilizaba para designar textos judíos no canónicos que no formaban parte de la Biblia hebrea.

El origen de la Cábala procede de tradiciones antiguas que se remontan a los tiempos bíblicos. Sus fundamentos básicos son los antiguos escritos que se encuentran en la literatura *Merkavah* y *Hekhalot*, también llamada «tradición *Hekhalot*» (b. Hagigah, 12a). Esta tradición mística fue muy popular entre ciertos círculos durante la época talmúdica, y de ello se encuentran muchas referencias en fuentes fidedignas como Josefo (Heinrich 2012, 108).

El término «*Merkavah*» significa literalmente el carro y se utiliza para denotar el carro-trono de Dios (*Ikavah*), como se describe en Ezequiel 1:4-28 y 10:9. La mayoría de los apocalipsis que se encuentran en esta literatura se refieren a uno o más de los siguientes elementos: el carro-trono de Dios, ángeles y espíritus ministradores y como viajes visionarios para consultar a místicos fallecidos. La literatura *hejalot* más antigua se remonta a alrededor del año 200 d. C. Algunos estudiosos incluso sostienen que se originó ya en la era *Tannáica* (es decir, durante la época de los primeros sabios rabínicos).

El auge del misticismo judío, o literatura *Hekhalot*, durante la época medieval se atribuye al antisemitismo desenfrenado que provocó un aumento de los pogromos y la persecución contra los judíos. Esto produjo que algunos místicos se inclinaran hacia lo esotérico, ya que buscaban nuevas formas de explorar su religión sin tener problemas con el clero cristiano. La Cábala fue uno de los movimientos místicos que se desarrollaron durante este periodo y continuó floreciendo por toda Europa hasta su declive en el siglo XVIII.

La literatura sobre el misticismo de la *Merkavah* es tan vasta que no es posible dar una visión completa de todas sus facetas. Sin embargo, puede dividirse en dos categorías principales: «literatura de *Hekhalot*» y «mística de *Merkavah*». También hay que señalar que el término «mística *Merkavah*» fue aplicado por primera vez por el erudito alemán G. Scholem en sus extensos estudios sobre este campo del misticismo judío.

Aunque la mayoría de los eruditos coinciden en que la literatura *Merkavah* es un claro antecedente de las prácticas cabalísticas, también admiten que no es fácil precisar los orígenes exactos de la Cábala. Es «imposible decir nada definitivo sobre el origen de la enseñanza cabalística» (Scholem 1969: 202). Los primeros orígenes de la Cábala se remontan al siglo I a. C., cuando los místicos judíos se inspiraron en tradiciones no judías y «en la antigua visión judía de Dios y su relación con el mundo» (Scholem 1974: 3).

Tras décadas de minucioso estudio, Gershom Scholem llegó finalmente a la conclusión de que el movimiento místico llamado Cábala tenía dos fuentes principales: el misticismo *Merkavah* y la literatura

Hekhalot. Este último término es una abreviatura de «*Hekhalot rabbati*» (los palacios mayores), que es el término utilizado para llamar los siete salones o palacios celestiales mencionados en los capítulos 1 y 2 de Ezequiel. Esta literatura constituye el núcleo del misticismo cabalístico, centrado en la oración mística y las visiones extáticas.

Como ya se ha mencionado, las fuentes más antiguas del misticismo de la *Merkavah* se remontan a alrededor del año 200 de nuestra era, cuando se escribieron los cuatro Evangelios. También es evidente que varios puntos de las visiones de Ezequiel (en particular Ezequiel 1; 10) inspiraron a los místicos judíos de los siglos posteriores, sobre todo cuando contemplaron nuevas formas de interpretar las sagradas escrituras.

Cómo floreció la *Merkavah*

La literatura sobre el misticismo de la *Merkavah* floreció durante la época medieval. Algunas de sus obras más importantes se escribieron en España y Provenza. Quizá uno de los textos más influyentes fue el *Sefer ha-Bahir*, tan significativo para el misticismo judío que se creía que había sido «recibido» por su autora Nejunia ben Ha-Kanah. Scholem data esta composición entre 1150 y 1225, aunque señala que es difícil establecer una fecha exacta para este tipo de literatura.

El *Bahir* es uno de los primeros textos en hablar de la reencarnación, de la que se ocupa en las secciones 83-85. Utiliza la misma frase que el misticismo *Merkavah* de Ezequiel («la semejanza de un trono») al referirse al trono de Dios. Otro texto significativo es el *Sefer ha-Temunah*, datado entre 1185 y 1250. Este texto explica el concepto de «exilio dentro de Dios» (*galut panuy Elohim*) hablando de los diez poderes divinos (*sefirot*), también conocidos como atributos, que se mencionan a lo largo de la mística *Merkavah* de Ezequiel.

El objetivo del Zohar es mostrar cómo la interpretación mística de la Biblia establece una relación especial entre Dios y el hombre. Esto se hace conociendo a Dios a través de Sus diez atributos (*sefirot*), que fueron transmitidos al hombre en el momento de la Creación. También proporciona

«un panorama de toda la historia del mundo y una descripción de todos los acontecimientos que tendrán lugar desde la creación hasta el fin de los días» (Scholem 1969: 243).

Cábala y ocultismo

Tras la extensa investigación de Scholem, queda claro que existen muchos tipos diferentes de misticismo cabalístico. Sugiere que los diversos enfoques que se encuentran en la literatura de *Merkavah* y *Hekhalot* se reducen finalmente a dos tipos principales. El primero de ellos se cita como:

«...el intento de unirse con Dios mismo, que se logra mediante alguna forma de fusión con él, ya sea absorbiéndose completamente en su ser o absorbiendo su poder divino».

El segundo tipo, mucho más común en el *Zohar* y en obras cabalísticas posteriores, implica el uso de técnicas meditativas como «la oración, el ascetismo y la magia». Estas técnicas dieron lugar al concepto cabalístico de «la ascensión a lo alto» (estante), que también se conoce como «el gran camino» o el camino de la perfección.

Ambos enfoques pretenden buscar a Dios a través de sus atributos, que sirven como medio para conocerlo. Pero ambos van más allá, animan a los practicantes a alcanzar un conocimiento aún mayor de estos atributos divinos, lo que conduce al contacto con secretos espirituales. Se cree que estos secretos son tan poderosos que pueden transmitirse a otros para su avance espiritual.

Particularmente interesante es el hecho de que los místicos de la *Merkavah* a menudo hablaban en un lenguaje velado o código secreto. Muchos de estos términos eran tan poderosos que no podían escribirse. Esto se debe a que algunos de los primeros místicos de la *Merkavah* creían que les causaría daño que estos nombres y frases secretas fueran expuestos al mundo en general.

Como señala Scholem, este tipo de creencia también puede encontrarse en el *Bahir*, donde se afirma que:

«quien revele estos [secretos] a su amigo, pero no los mantenga ocultos perderá lo que tiene y sufrirá un [severo] castigo» (Scholem 1969: 252).

El texto místico judío conocido como el *Zohar* fue escrito por un autor que se cree que se llamaba Shimon bar Yohai y que vivió alrededor de la época de la destrucción del segundo templo, en el año 70 de la era cristiana. El libro también se conoce por otro nombre, *El libro del esplendor* (o resplandor), y contiene muchas ideas de la Cábala

El *Bahir* y el misticismo de la *Merkavah*

El *Sefer ha Bahir*, que se cree fue escrito en el siglo XII en Provenza, Francia, por Isaac el Ciego, proporciona muchas ideas importantes sobre la Cábala y el misticismo de la *Merkavah*. Por ejemplo, utiliza vocabulario *hekhalot* al hablar de las diez *sefirot* y se refiere a las vasijas que se rompieron de un modo muy similar a las descripciones que aparecen en 1 Enoch en la Biblia.

Tanto el *Bahir* como 1 Enoch se refieren al «misterio de su ruptura» (Milikowsky 2000: 110). Además, existen otros paralelismos entre estas dos obras, como la idea de que las *sefirot* son *«emanaciones de Dios, intermediarias entre Dios y la creación»* (Amzallag 2005: 402). También comparten el concepto de *«la búsqueda de Dios por parte del místico»* (Amzallag 2005: 402).

En otras palabras, ambos textos contienen conceptos místicos similares que se remontan a la literatura de *Merkavah* y *Hekhalot*. Esto no es sorprendente, porque muchos estudiosos creen que existía una fuerte relación entre los autores de ambas obras.

Varios estudiosos han sugerido que «los textos visionarios y místicos judíos *Hekhalot* tienen su origen en los primeros siglos de nuestra era» (Amzallag 2005: 401). También existe la creencia popular, sostenida por muchos estudiosos de los textos cabalísticos, de que el concepto de misticismo *Merkavah* procede del profeta Ezequiel, de quien se cree que fue testigo de estas revelaciones durante su exilio (Amzallag 2005: 402).

Prácticas ascéticas y técnicas de meditación

Sin embargo, cabe mencionar que en esta época surgió otra forma de tradición mística basada en prácticas ascéticas y técnicas de meditación, como el ayuno. Esta forma de misticismo se denomina misticismo introversivo. Por otro lado, varios eruditos que han estudiado el misticismo de *Merkavah* han señalado que durante esta época hubo algunos místicos que no eran estrictamente introversivos (Amzallag 2005: 402). Por el contrario, a menudo estaban bien versados en las prácticas exotéricas del judaísmo y podrían describirse como: *«tanto introversivos como extroversivos»* (Amzallag 2005: 403).

El Árbol de la Vida

Cuando se trata del Árbol de la Vida, que es uno de los símbolos más importantes de la Cábala, existen muchas variaciones de su estructura. La versión estándar incluye diez *sefirot* en la fila superior y ocho *sefirot* (o caminos) inferiores. Sin embargo, algunas interpretaciones modernas incluyen más de diez sefirot. Según el *Zohar*, el Árbol de la Vida es:

«el modelo de todo lo que existe». También afirma que *«hay diez lados en el árbol y, por tanto, diez aspectos que les corresponden; comprenden todas las fuerzas supremas»*.

También se dice que las *sefirot* están representadas por las 22 letras fundamentales del alfabeto hebreo y que cada una de ellas tiene su propio conjunto particular de significados.

Se cree que hay diez tipos diferentes de ángeles, que se corresponden con el Árbol de la Vida y se conocen como las *sefirot*. Se cree que cada uno de estos ángeles está hecho de un tipo de materia espiritual y representa un atributo diferente. Las *sefirot* también están relacionadas con el cuerpo humano; se ha señalado que las distintas partes del cuerpo, como las extremidades, los órganos y la sangre, tienen propiedades diferentes. También existen muchas similitudes entre estas diez *sefirot* y la alquimia, porque ambos sistemas utilizan los mismos símbolos cabalísticos y se basan en un estilo de enseñanza similar.

La *sefirá* central se conoce como *Keter*, y se dice que es el principio de todas las cosas. Además, contiene en su interior todos los caminos ocultos y también se la conoce como la corona. Se cree que esta *sefirá* contiene las diez *sefirot* dentro del «éter primordial».

El ejercicio del pilar central

Cuando se trata de meditación, hay muchas técnicas diferentes. Una de las más importantes es el ejercicio del pilar central, que es una forma de meditación cabalística. Es una de las técnicas más fáciles debido a su simplicidad. Esta técnica también trabaja en el equilibrio de la energía para restaurar la plena salud del cuerpo y curarlo de cualquier enfermedad.

Dependiendo del contexto, el Árbol de la Vida simboliza cosas diferentes. Una de las interpretaciones más conocidas es que es una representación de las partes integrantes de la anatomía humana, como el cerebro, los oídos e incluso el propio cuerpo. Sin embargo, también se utiliza a menudo en los textos cabalísticos para representar un poder divino que se conoce como «*Shekinah*».

Está claro que hay una conexión fundamental entre el Árbol de la Vida y el ejercicio del pilar central, está claro que existe una conexión definitiva. El Árbol de la Vida contiene diez *sefirot* que son similares a las que se encuentran en la estructura del ejercicio del pilar central. También contiene ocho caminos representados por diferentes tipos de energía y que fluyen a través del cuerpo, igual que en el ejercicio. Al realizar el ejercicio del pilar central, se puede conectar con diferentes partes de la naturaleza para restablecer el equilibrio interior. Esto se muestra claramente en la importancia de las *sefirot*, que están dentro de este punto central.

También se cree que el Árbol de la Vida tiene reinos exteriores e interiores. La parte interior se conoce como *Atziluth* y representa el mundo divino, mientras que la parte exterior se conoce como *Assiyah* y representa el mundo físico. El pilar central está situado en el centro del Árbol de la Vida, y representa el equilibrio que debe alcanzarse entre estos dos mundos.

Se dice que el ejercicio del pilar central es uno de los ejercicios cabalísticos más importantes, porque no solo involucra a la persona físicamente, sino también espiritualmente. Se dice que es una forma de meditación que permite despejar la mente y concentrarse en la tarea que se tiene entre manos. Además, también trabaja para equilibrar todas las conexiones dentro del aura. Esto se debe a que la energía de cada uno de los chakras se bloquea cuando hay un desequilibrio en la salud espiritual general. Por eso el ejercicio es tan importante. Sin embargo, solo debe ser realizado por un practicante capacitado que ya sabe cómo utilizar el método correctamente.

Cruz cabalística [para realizar antes del ejercicio de meditación].

Póngase de pie con los pies juntos y los brazos a los lados. Inhale y levante los brazos hacia los lados y por encima de la cabeza. Diga:

«Ante mí, Elohim».

Cuando los brazos lleguen a la altura de los hombros, bájelos y páselos por el pecho en línea recta. Junte el dedo corazón de la mano derecha con el de la izquierda y diga:

«Detrás de mí, Adonai».

A la altura de la cadera, suba los brazos por encima de la cabeza en el lado izquierdo formando un semicírculo. Toque su dedo medio izquierdo con su dedo medio derecho. Diga:

«En mi mano derecha, Elohim»

De nuevo, cuando los brazos estén a la altura de los hombros, bájelos y páselos por el pecho en línea recta. Toque el dedo medio de su mano izquierda con el dedo medio de su mano derecha. Diga:

«En mi mano izquierda, Adonai»

A la altura de la cadera, suba los brazos por encima de la cabeza en el lado derecho formando un semicírculo. Toque su dedo medio derecho con su dedo medio izquierdo y diga:

«Sobre mí, Elohim»

Una vez más, cuando los brazos lleguen a la altura de los hombros, bájelos y páselos por el pecho en línea recta. Toque el dedo corazón de la mano derecha con los tres dedos medios de la mano izquierda y diga:

«Debajo de mí, Adonai»

A la altura de la cadera, suba los brazos por encima de la cabeza en el lado izquierdo formando un semicírculo. Toque el dedo corazón de la mano izquierda con los tres dedos medios de la derecha y diga:

«Dentro de mí, Elohim»

A la altura de los hombros, baje los brazos y páselos por el pecho en línea recta. Toque el dedo medio de su mano izquierda con los tres dedos medios de su mano derecha y diga:

«Fuera de mí, Adonai»

Mientras toca cada dedo, visualice las *sefirot* correspondientes y luego, mientras las toca con sus dedos medios, vea cada una de esas esferas brillando intensamente.

El misticismo de la *Merkavah* tiene sus raíces en la tradición judía de la Cábala. Cuando se trata de aprender más sobre este tipo de misticismo, se pueden realizar ejercicios específicos y asegurarse de que se comprenden correctamente. El misticismo de *Merkavah* está profundamente conectado con el Árbol de la Vida, que es el punto central del Árbol. Se dice que esta figura es lo que separa el mundo superior (*Briah*) del inferior (*Assiyah*). Comprender el Árbol de la Vida es fundamental para entender realmente el misticismo de *Merkavah*.

Capítulo 6: Los veintidós caminos de la Iluminación

«Él dispuso estas veintidós letras, que son el fundamento de todas las cosas, como sobre una esfera con doscientas treinta y una puertas, y la esfera puede girar hacia adelante o hacia atrás, ya sea para bien o para mal; del bien proviene el verdadero placer, del mal nada más que tormento». — Sepher Yetzirah.

El Árbol de la Vida es un concepto fundamental de la Cábala, la antigua tradición judía de interpretación mística. Fue desarrollado por los místicos judíos de la Edad Media para describir su concepto del proceso a través del cual Dios creó el universo y la humanidad.

El Árbol está formado por diez círculos o emanaciones. Los tres primeros se denominan la Tríada Supernal y están más allá de la comprensión humana; se asocian con Dios mismo. Los siete círculos restantes, llamados *sefirot* (en singular: *sefirá*), representan aspectos de la interacción de Dios con la creación. Las *sefirot* están conectadas por veintidós caminos simbolizados por las veintidós letras del alfabeto hebreo. Una comprensión profunda de estas conexiones es esencial para trabajar con el Árbol.

El Árbol de la Vida es un sistema, tanto cósmico como mundano, que describe el origen de la creación. Representa diferentes emanaciones divinas que constan de diez *sefirot* interconectadas por veintidós caminos. Sus orígenes se remontan al menos a los primeros siglos del primer milenio antes de Cristo. Los estudiantes versados en los misterios de la Cábala la utilizan como guía para la meditación y la comprensión. Las *sefirot* están dispuestas en tres columnas verticales y una fila superior, con tres *sefirot* en cada columna, que representan el reino excelso de lo divino.

Cada *sefirá* es una emanación divina que influye en la creación y corresponde a uno de los diez números sagrados de los hebreos. Además, hay veintidós caminos que representan distintos tipos de expresión creativa, de los cuales el primero es igual al último. El Árbol de la Vida es una metáfora de las etapas de la creación. En este capítulo se analiza detalladamente cada *sefirá* y las veintidós sendas, explicando sus correspondencias con las letras hebreas.

Sepher Yetzirah

El *Sepher Yetzirah*, o «*Libro de la formación*», es una obra antigua que trata de la creación del universo por Dios. Se trata de una colección de doctrinas que fue escrita antes del año 70 de nuestra era y que se ha atribuido a una antigua secta judía llamada los esenios. Explica cómo Dios creó el universo combinando diez *sefirot*, que forman parte de todo lo que existe. Las *sefirot* forman parte de un sistema esotérico que revela la naturaleza secreta de Dios y la creación. Los veintidós caminos son los puentes entre cada *sefirá* en El Árbol de la Vida. Se trata de un sistema que puede utilizarse para la contemplación y que ha sido importante y útil para comprender la naturaleza de Dios, del mundo y de la humanidad.

El *Sepher Yetzirah* nombra las diez *sefirot* como: *Keter, Hokma, Binah, Hesed, Gevurah, Tiferet, Netsah, Hod, Yesod* y *Malkut* (1). Las tres primeras son la tríada suprema, las *sefirot* más elevadas que están más allá de la comprensión. Las siete *sefirot* inferiores se llaman los arcángeles o gobernadores planetarios y son Miguel, Gabriel, Rafael, Uriel, Shabbathai, Zadkiel y Shemhazai. Todos ellos fueron creados en virtud de *Keter*, *Hokma* y *Binah*. Debajo de esta triada hay una segunda, que también se compone de tres *sefirot*, *Hesed*, *Gevurah*, y *Tiferet*. Estas son el centro del amor y la sabiduría divina y corresponden a las tres *sefirot* inferiores.

Todo es el resultado de las acciones de estas diez *sefirot*, que son una extensión de la voluntad divina. Como el Árbol de la Vida es una metáfora, revela cómo Dios se manifiesta de diferentes maneras. Las *sefirot* también están conectadas con los cuatro mundos de *Atzilut*, *Beriah*, *Yetzirah* y *Assiyah*. Cada *sefirá* es una representación de determinadas características y virtudes.

Cada etapa es diferente en el proceso creativo, que se representa como un ser humano que va desde el embrión en el útero hasta el nacimiento. Una vez aquí, crece por etapas hasta convertirse, al cabo de muchos años, en un adulto plenamente social. En cada etapa del desarrollo, hay diferentes necesidades y requisitos que deben cumplirse antes de avanzar a la siguiente etapa.

La última del grupo es *Malkut* o *Shekhinah*. Tiene una función en el mundo y representa la misericordia divina. *Malkut* significa «reino» y es un punto de concentración en el nivel más bajo. Algunos místicos judíos sostienen que no se trata de una *sefirá*, sino de un principio femenino.

Además, hay veintidós caminos que van de una *sefirá* a otra, y cada camino es un atributo diferente de Dios. Están representados por las veintidós letras del alfabeto hebreo, que tienen ciertos significados, conexiones con la astrología y un significado simbólico especial. El Árbol de la Vida comprende estas diez *sefirot*, veintidós caminos que las conectan, sus nombres y el alfabeto hebreo.

El Árbol de la Vida

En la tradición cabalística, el Árbol de la Vida es un diagrama utilizado como herramienta didáctica para explicar las ideas del misticismo judío. Consta de diez *sefirot* y, a menudo, veintidós caminos que las conectan. El Árbol de la Vida es una metáfora de las etapas de la creación, ya que consta de tres columnas verticales que representan distintas partes de la creación. La primera columna es el mundo de Dios o Emanación. Consta de diez *sefirot*, que representan diez tipos de creación. Las *sefirot* son esferas divinas que tienen diferentes aspectos y atributos. Además, están conectadas por veintidós caminos.

El *Sepher Yetzirah* afirma que Dios creó el universo a través de esferas divinas (*sefirot*) y de los caminos que las conectan (por ejemplo, un camino conecta la *sefirá* número uno con la dos, etc.). El Árbol de la Vida es una metáfora de las etapas de la creación. La segunda columna es la Creación o Formación. Consta de diez *sefirot*, que se conocen como números. La tercera columna es Crianza o Acción. Consta de las seis *sefirot* activas, que representan las fuerzas divinas que interactúan con la creación y la emanación. La fila superior es la Conciencia Divina. Consta de una *sefirá* que representa la voluntad y el propósito divinos.

El Árbol de la Vida se considera la metáfora central de la Cábala. Se utiliza como representación de Dios, del ascenso y descenso espiritual y de todos los sistemas de realidad. El Árbol de la Vida se basa en el *Sepher Yetzirah*, o «Libro de la formación», que explica cómo Dios creó el universo a través de las diez *sefirot*, que forman parte de todo lo que existe. La *sefirá* forma parte de un sistema esotérico y sus símbolos y correspondencias se utilizan para alcanzar el autoconocimiento y comprender el misterio de Dios.

- **Primera columna: Emanación**

La primera columna del Árbol de la Vida se llama Emanación. Es la primera creación de Dios y consta de tres *sefirot*: *Keter* o la corona, *Hokhmah* o sabiduría, y *Binah* o entendimiento. Se conocen como las *Sefirot* superiores y rodean el punto invisible de luz divina llamado la Mónada. La Mónada representa la voluntad divina y es la divinidad invisible e inmanifestada.

El camino número veintidós entre *Keter* y *Hokhmah* se llama el Absoluto o el Abismo. Es un punto en el que Dios no puede ser comprendido. Dentro de esta columna, diez *sefirot* representan los números, que forman parte de todo lo que existe. Se llama Creación o Formación y consta de diez *sefirot*, que se conocen como números. Esta columna representa el mundo de la Formación; las tres primeras *sefirot* rodean la Mónada.

- **Segunda columna: Creación**

Llamada Creación o Acción, la segunda columna consta de seis *sefirot* activas, que representan fuerzas divinas que interactúan con la Creación y la Emanación. Se denominan las seis direcciones primarias del espacio: centro, arriba, abajo, este, oeste y norte. También hay dos *sefirot* en la parte superior e inferior de esta columna llamadas *Malkuth* o Reino y *Yesod* o Fundación.

El camino número veintidós se llama La Columna Sagrada o Celestial. Conecta la primera sefirá, *Keter*, con la última, *Malkuth*.

La segunda columna se llama Nutrición o Acción porque proporciona la fuerza necesaria para mantener viva y activa la Creación. Esta columna tiene diez *sefirot* que representan números. Forman parte de todo lo que existe y se conocen como el mundo de la Acción; interactúan con la Creación y la Emanación. Dentro de esta columna, seis *sefirot* activas proporcionan fuerzas divinas para mantener la creación viva y activa.

- **Tercera columna: Nutrición**

La tercera columna es la Conciencia Divina. Consta de las seis *sefirot* activas, que representan las fuerzas divinas que interactúan con la Creación y la Emanación. Se denominan los Líderes de los Atributos o corona, sabiduría, belleza, victoria, gloria y fundamento.

El camino número veintidós es El Abismo o Niebla, y separa la segunda *sefirá* de la tercera. Representa una zona de confusión entre dos realidades paralelas entre las que nunca se encuentra una resolución.

La tercera columna se denomina Conciencia Divina porque representa el mundo de los Atributos, que consta de seis *sefirot* activas con fuerzas divinas que interactúan con la Creación y la Emanación. Hay seis *sefirot* activas dentro de esta columna y poseen fuerzas divinas para mantener la Creación viva y activa. También proporcionan los líderes de Atributos de la Creación.

El tarot y el Árbol de la Vida

Una meditación útil se logra a través de las cartas del tarot, específicamente los arcanos mayores, ya que contiene veintidós cartas que pueden ser utilizadas como símbolos arquetípicos interpretados en la mente humana como representaciones de nuestra sociedad. Los arcanos mayores son veintidós cartas que pueden relacionarse con los veintidós caminos del Árbol de la Vida. Cada camino se atribuye a un arcano mayor específico. Cada carta de los arcanos menores también está asociada a uno de los veintidós caminos. Los arcanos menores constan de cuatro palos con diez cartas cada uno, lo que suma un total de cuarenta cartas.

Los veintidós arcanos mayores

1. El Sumo Sacerdote (el Mago)

El camino del Sumo Sacerdote comienza bajo el punto más bajo de la letra *Vāv*, que se asocia con un camino que comienza en la *sefirá Binah* o Entendimiento. El camino asciende hasta *Hokhmah* o Sabiduría. A través de la *sefirá* Entendimiento, se entra en el proceso de recibir energía divina para crear la propia realidad. Utilizando las *sefirot* combinadas en este camino, se pueden sacar a la luz rasgos interiores para utilizarlos en la realidad exterior.

2. La Suma Sacerdotisa

Esta senda comienza en la *sefirá Binah* o Entendimiento. El camino asciende a la *sefirá Jokmah* o Sabiduría. Puesto que La Suma Sacerdotisa está asociada con el camino que comienza en el Entendimiento, también representa el primer paso de la iniciación. La iniciación va desde la recepción hasta la creación de la propia realidad.

3. La Emperatriz

Este camino comienza bajo el punto más bajo de la letra *Lamed*, que se asocia con el camino que comienza en la *sefirá Chokhmah* o Sabiduría. El camino asciende hasta *Geburah* o Severidad. Utilizando esta *sefirá*, se puede manifestar una visión y llevarla a la realidad mediante actos de voluntad y coraje. Puesto que la Emperatriz está asociada con el camino que comienza en la Sabiduría, también representa el segundo paso de la iniciación. La iniciación comienza con la creación de la propia realidad para llevar los rasgos externos al desarrollo de una visión personal.

4. El Emperador

Este sendero comienza bajo el punto más bajo de la letra *Geburah* o Severidad. El camino asciende hasta *Tiphareth* o Belleza. Esta *sefirá* se llama el sol, y representa al sol de la Tierra. Su calor permite que florezca la vida. Es nuestro sol y nos da fuerza y nutre nuestra expresión en una realidad que todos pueden ver. Como el Emperador está asociado con el camino que comienza en la Severidad, también representa el tercer paso de la iniciación.

5. El Hierofante (el Papa)

Este sendero comienza bajo el punto más bajo de la letra *Yesod*, que se asocia con el sendero que comienza en *Tiphareth* o Belleza. El camino asciende hasta *Netzach* o Victoria. Esta *sefirá* puede considerarse la base de la conciencia a través de la cual podemos recibir el conocimiento adquirido por la *sefirá Hod* o Esplendor. También está relacionada con *Keter* o Corona, que está por encima de ella en el Árbol de la Vida. El Hierofante representa una autoridad que proporciona un acceso rápido al subconsciente.

6. Los Amantes

Este camino comienza bajo el punto más bajo de la letra *Netzach* o Victoria. El camino asciende hasta *Tiphareth* o Belleza, que se considera el sol y representa a este astro visto desde la Tierra. Con esta *sefirá* se hacen hacer realidad las visiones mediante actos de voluntad y coraje. *Netzach* se asocia con el elemento agua, que representa la energía vital que fluye cuando dos personas se unen.

7. El Carro

Este camino comienza bajo el punto más bajo de la letra *Hod* o Esplendor. El camino asciende hasta *Geburah* o Severidad. Esta *sefirá* se llama el sol y representa al astro visto desde la Tierra. A través de esta *sefirá* también se puede trabajar la visualización y la realización de los sueños mediante actos de voluntad y coraje.

8. Fuerza

Esta senda comienza bajo el punto más bajo de la letra *Hod* o Esplendor. La senda asciende a *Geburah* o Severidad, que se relaciona con *Netzach* o Victoria a través de *Keter*, que está por encima de ella en el Árbol de la Vida. El Carro representa la energía vital que comienza en cuanto se enciende el sol de la propia visión. La Fuerza permite volverse invencibles ante cualquier obstáculo.

9. El Ermitaño

Este camino comienza bajo el punto más bajo de la letra *Yesod*, que se asocia con *Tiphareth* o Belleza. El camino asciende a *Hod* o Esplendor, que está relacionado con *Geburah* o Severidad empleando *Tiphareth* o Belleza, considerada el sol y que representa el sol visto desde la Tierra. Utilizando esta *sefirá*, se pueden manifestar las visiones a través de actos de voluntad y coraje.

10. Rueda de la Fortuna

Este camino comienza bajo el punto más bajo de *Malkuth*, que es el Reino y representa la realidad física. El sol o *Tiphareth* está por encima de ella en el Árbol de la Vida. La Rueda de la Fortuna representa un punto de inflexión muy importante en la vida que da más poder para manifestar las visiones a través de actos de voluntad y coraje.

11. Justicia

Este camino comienza bajo el punto más bajo de *Malkuth*, que representa el Reino y la realidad física. A través de esta *sefirá*, se hacen realidad las visiones mediante actos de voluntad y coraje. La Justicia permite juzgar el pasado, el presente y el futuro.

12. El Ahorcado

Este camino comienza bajo el punto más bajo de *Malkuth*, que es el Reino y representa la realidad física. El camino asciende hasta *Yesod* o Fundación, que se asocia con el subconsciente. Esta *sefirá* se denomina la luna, y representa los sentimientos y emociones cuando se recoge información del subconsciente.

13. Muerte

El camino comienza bajo el punto más bajo de *Hod* o Esplendor, que se relaciona con *Tiphareth* o Belleza a través de *Malkuth* o Reino, que representa el mundo físico. La Muerte aporta transformación a las visiones, destruyendo viejas formas y creando otras nuevas para traerlas a la manifestación.

14. Templanza

Este camino comienza bajo el punto más bajo de *Yesod* o Fundación, que se asocia con *Hod* o Esplendor utilizando *Chesed* o Misericordia. Esta *sefirá* pone las visiones al alcance a través de cualidades similares de voluntad y coraje. La Templanza es el arte de mantener dos fuerzas opuestas en equilibrio. se debe comprender porque proporciona el valor y la fuerza necesarios.

15. El Diablo

Este camino comienza bajo el punto más bajo de *Hod* o Esplendor, que está relacionado con *Tiphareth* o Belleza a través de *Netzach* o Victoria. El Diablo está asociado con el deseo de tomar el camino fácil y evitar las dificultades necesarias. Este camino permite destruir el deseo de soluciones fáciles.

16. La Torre

El camino comienza bajo el punto más bajo de *Yesod* o Cimiento, que se asocia con *Hod* o Esplendor a través de *Tiphareth* o Belleza. La Torre representa una pérdida repentina de poder y recursos que se produce en el camino de la vida cuando se toman decisiones que van en contra del verdadero potencial.

17. La Estrella

Este camino comienza bajo el punto más bajo de *Tiphareth* o Belleza, que se considera el sol. El camino asciende a *Hod* o Esplendor, que está relacionado con *Tiphareth* o Belleza a través de *Yesod* o Fundamento, asociado con nuestro subconsciente.

18. La Luna

Este camino comienza bajo el punto más bajo de *Yesod* o Fundación, que se asocia con *Hod* o Esplendor a través del mismo *Hod* o Esplendor. La Luna representa la mente subconsciente, como un gran mar repleto de vida y monstruos. Este camino permite tomar el control del subconsciente y las emociones.

19. El Sol

Este camino comienza bajo el punto más bajo de *Tiphareth* o Belleza, que se asemeja al sol. El camino asciende hasta *Netzach* o Victoria, donde se adquiere la fuerza necesaria para manifestar las visiones. El sol representa el intelecto, como un fuego ardiente que ilumina cualquier oscuridad e ignorancia.

20. Juicio

Este camino comienza bajo el punto más bajo de *Yesod* o Fundación, que se asocia con *Hod* o Esplendor a través de *Tiphareth* o Belleza. El Juicio está asociado con el juicio de las visiones que se manifiestan y la forma en que se tratan, que puede ayudar o perjudicar.

21. El Mundo

Este camino comienza bajo el punto más bajo de *Netzach* o Victoria, que se asocia con *Tiphareth* o Belleza a través de Hod o Esplendor. El Mundo representa el mundo material y el deseo de convertirlo en un lugar mejor para toda la humanidad a través de las acciones, enriqueciendo la propia vida y las de quienes están alrededor.

22. El Loco

Esta senda comienza bajo el punto más bajo de *Yesod* o Fundación, que se asocia con *Hod* o Esplendor a través de *Malkuth* o Reino. Esta senda está relacionada con el signo zodiacal Sagitario, que significa el «Loco» porque está asociado con el subconsciente. El Loco representa el poder de la intuición, que permite ver las propias visiones.

Los veintidós caminos del Árbol de la Vida son un mapa que se encuentra en la mayoría de las tradiciones esotéricas que definen el camino hacia la iluminación. Este mapa puede encontrarse en las cartas del tarot, que se utilizan como símbolos arquetípicos interpretados en la mente como representaciones de la sociedad. Las cartas de los arcanos mayores representan el camino hacia la iluminación y son un total de veintidós. Cuando se descubre conscientemente este mapa dentro de sí mismo, se puede alcanzar la forma más elevada de conciencia mágica, que se conoce como iluminación.

Capítulo 7: Alquimia y Cábala

La alquimia y la Cábala han sido estudiadas por muchas de las mentes más brillantes a lo largo de la historia. Para comprender la obra alquímica y su simbolismo, se requiere una comprensión básica de la Cábala. Como disciplina espiritual, la Cábala está estrechamente relacionada con la alquimia, y ambas han sido estudiadas conjuntamente por muchos a lo largo de los años. Los símbolos alquímicos y cabalísticos a menudo se solapan y pueden verse fácilmente como complementarios entre sí. La relación entre ambas disciplinas tiene sus raíces en la filosofía hermética, de la que también forma parte la Cábala.

En cierto modo, es fácil distinguir entre alquimia y Cábala. La alquimia tiene una larga historia que continúa hoy en día. Es un extenso campo de conocimiento con muchas aplicaciones prácticas y una fuerte tradición de transferencia de conocimientos. La alquimia práctica es una de las tradiciones fundamentales de la química y la tecnología industrial occidentales y tiene sus raíces en la época medieval. La Cábala, por su parte, surgió en la comunidad judía en una época en la que los judíos eran perseguidos en casi todos los lugares en los que vivían, y los conocimientos cabalísticos eran compartidos en un pequeño círculo de confianza. En su mayor parte, los judíos estaban aislados de otras comunidades y su tradición mística no se escribió hasta el siglo XIII, cuando empezaron a asentarse en Europa.

Tanto la alquimia como la Cábala surgieron en el entorno filosófico y científico general de la Edad Media; la alquimia en el siglo XII y la Cábala en el XIII. Arraigada en el antiguo Egipto y Mesopotamia (cerca del actual Irak), la alquimia alcanzó su máxima popularidad en el Egipto grecorromano. La Cábala tiene sus raíces en el misticismo judío primitivo y surgió en el Cercano Oriente durante los primeros siglos de nuestra era. Este capítulo presenta, en primer, lugar los conceptos básicos de la Cábala, tanto desde el punto de vista lingüístico como simbólico. A continuación, traza la relación histórica entre la alquimia y la Cábala y sugiere una forma de interpretación del simbolismo alquímico desde una perspectiva cabalística.

La doctrina secreta

La cábala forma parte de una larga tradición que incluye el misticismo judío, la vertiente mística del judaísmo. En su forma escrita, la tradición cabalística comienza con el *Zohar* (Esplendor), un libro del siglo XIII escrito por Moisés de León. El *Zohar* es parte del canon judío y los judíos tradicionales lo estudian con ahínco. Sin embargo, el verdadero autor del *Zohar* sigue siendo un misterio y la mayoría de los eruditos modernos dudan de que fuera Moisés de León. El *Zohar* es un comentario sobre la *Torá* (los cinco libros de Moisés) y la mayor parte de la literatura cabalística que le siguió fue escrita en este estilo.

Cábala significa «recibir», y las primeras autoridades presentaban sus enseñanzas como manifestaciones directas de Dios a los primeros místicos judíos. Moisés de León afirmó haber recibido los secretos de la Cábala de un místico español llamado el Rashbi. La primera obra de

Moisés de León, *Sefer Ha-Bahir* (libro de la brillantez), es considerada parte integrante del canon por muchos estudiosos y prácticos cabalistas, ya que contiene muchos conceptos tempranos plenamente desarrollados en el *Zohar*.

En la tradición judía, se dice que muchos de los secretos de la *Torá* fueron entregados a Moisés en el monte Sinaí junto con el texto escrito. En el siglo XIII, un cabalista español llamado Bahya ben Asher escribió una importante obra de Cábala titulada *El libro de los piadosos*. Sostenía que el significado interno de la *Torá* es tan importante como su aspecto material. El cabalista no puede limitarse a leer un versículo de la Biblia y entenderlo en su sentido simple y literal. Debe estudiarlo a través de un proceso que implica meditación y comprensión de cada letra y palabra. Este enfoque meditativo del aprendizaje siempre ha formado parte del estudio judío tradicional, pero Bahya ben Asher subrayó su importancia. Sostuvo que la *Torá* comprende 613 mandamientos (*mitzvahs*). Cada uno de ellos tiene un significado literal y un significado espiritual interno o Cábala.

Los primeros eruditos cristianos no compartían esta visión de los secretos de la Biblia. Para ellos, el significado interno del texto no podía conciliarse con la inerrancia bíblica. Aunque conocían el misticismo judío, en general lo consideraban una herejía y a menudo perseguían a los judíos cabalistas. Y aunque los eruditos cristianos estudiaban ampliamente la alquimia y la filosofía griegas, no veían nada de valor en lo que consideraban «magia judía».

El lenguaje de la Cábala

Según la Cábala, el mundo existe debido a una ruptura en el ser de Dios. Esta idea se expresa como una paradoja lingüística en su forma más básica. La única manera de que algo exista fuera de Dios es que Dios lo cree de la nada. Pero si algo surge de la nada, ¿cómo podemos decir que existe?

Para abordar esta paradoja, los cabalistas utilizan diferentes nombres para referirse a Dios. En hebreo, estos incluyen «*Ein Sof*» (sin fin) y «*Ain*» (nada). El uso de la palabra «nada» para describir a Dios no es despectivo. Refleja un concepto profundamente espiritual de que no hay distinción entre la nada y cualquier otro tipo de existencia. El término «*Ein Sof*» también es paradójico, ya que sugiere que Dios no tiene ni principio ni fin.

Cuando se dice que el mundo fue creado de la nada, utilizamos la palabra «nada» como si fuera una sustancia como el agua o el aire. Esta idea puede entenderse por analogía: imagínese una tela. Si hace un agujero en esta tela, sigue siendo la misma tela. Puede preguntarse si al hacer el agujero se ha añadido o quitado algo a la tela. La respuesta es no: el agujero existe dentro de un todo existente. En esta analogía, la «tela» representa a Dios y «el agujero» representa la creación.

La palabra «nada» se utiliza a menudo en la Cábala para describir estados espirituales del ser. Por ejemplo, cuando una persona se eleva espiritualmente mediante la oración o cualquier otra práctica espiritual, el cabalista diría que se ha convertido en nada de Dios. Paradójicamente, la elevación significa volverse más plenamente humano al eliminar de nuestro interior todas las cualidades que no son Dios. En este sentido, la persona se vuelve más real y concreta respecto a Dios, porque ya no tiene un falso yo, o el ego, obstruyendo su conexión con Dios.

La Cábala utiliza a menudo este tipo de analogías como parte de su complejo lenguaje. La mayoría de la gente las encuentra desconcertantes, ya que van en contra de nuestra forma normal de pensar sobre el mundo y sobre nosotros mismos, pero los cabalistas creen que ese lenguaje es necesario para alcanzar una verdadera comprensión de Dios y de la existencia.

El simbolismo del Árbol de La Vida

El Árbol de la Vida es el símbolo central de la Cábala. Puede utilizarse para representar ideas y conceptos, así como letras y palabras. El Árbol puede dibujarse de forma similar a una cuadrícula con diez círculos en su forma más simple. Algunos de estos círculos están conectados por líneas, mientras que otros, los *sefirot* (en singular *sefirá*), no están conectados.

Los cabalistas conceden especial importancia a las cuatro primeras *sefirot*: *Keter* (la Corona), *Chokhmah* (Sabiduría), *Binah* (Entendimiento) y *Chesed* (Misericordia). A veces se hace referencia a ellas como los cuatro mundos, ya que cada *sefirá* representa un nivel diferente del ser.

Keter es la conciencia pura, un estado en el que se es consciente de Dios en el interior. *Chokhmah* es el destello de perspicacia que llega en momentos de inspiración o revelación. *Binah* es el entendimiento o la comprensión intelectual, y representa el punto de vista de Dios. *Jesed* es la bondad amorosa y la abundancia, la parte de Dios que inspira a actuar con misericordia. Las seis *sefirot* restantes representan cualidades asociadas a cada nivel: *Gevurah* (Fuerza), *Tiferet* (Belleza), *Netzach* (Victoria), *Hod* (Majestad), *Yesod* (Fundamento) y *Malkuth* (Reinado).

Los cabalistas relacionan cada uno de estos atributos con el centro del Árbol, que representa la creación. Si dijéramos que Dios es como una persona, *Malkuth* sería su mundo físico y *Yesod* su dominio del inconsciente. El Árbol de la Vida también es importante porque los cabalistas lo utilizan para comprender cómo transformarse en seres más espirituales y llegar a ser uno con Dios.

El *Opus Magnum*

El *Opus Magnum* alquímico es un viaje en profundidad a través de las etapas de transformación, representadas por diferentes colores. Consta de siete etapas u operaciones, cada una de ellas asociada a un estado espiritual. La primera operación es la calcinación, y representa la purificación. Muestra la necesidad de purificarse y eliminar impurezas antes de transformarse en algo más bello y sutil.

La segunda operación es la disolución, etapa en la que una sustancia sólida se disuelve para formar un líquido. En alquimia, esto representa una transformación mental y física en la que se da la elevación por sobre las limitaciones del cuerpo y del ego. La separación es la tercera operación y simboliza la búsqueda de lo que está oculto o escondido en una sustancia y su separación de las impurezas.

La cuarta etapa, la conjunción, se alcanza cuando comienza la transformación en un nuevo ser, que se une al orden superior de la vida. Durante esta operación se refina lo aprendido en las etapas anteriores y se comprende plenamente su significado. La quinta etapa se denomina fermentación y se compara con el milagro del pan y el vino, que se convierten en una sustancia mística durante un servicio religioso.

En la destilación, se eliminan todas las impurezas de la sustancia, que se ha transformado en una forma más pura. La última etapa se denomina coagulación y puede adoptar varias formas. Representa la transformación espiritual mediante la cual se puede transformar la materia en algo mejor, del mismo modo que el alimento físico nutre el cuerpo.

Las etapas alquímicas de calcinación, disolución, separación, conjunción, fermentación, destilación y coagulación también pueden compararse con las etapas del camino espiritual de la Cábala. No siempre se tratan en el mismo orden, pero hay un retorno constante a etapas anteriores, por lo que a menudo se representan con colores diferentes. Por ejemplo, las cuatro primeras *sefirot* están asociadas con la etapa de calcinación, mientras que *Malkuth* corresponde a la coagulación o conjunción.

Este proceso alquímico también puede observarse en el cuerpo. La sangre circula por el cuerpo, purificando y transformando las diversas sustancias con las que entra en contacto. Durante este proceso de purificación, las impurezas se eliminan de los órganos y otras partes del cuerpo. Aunque no se vea externamente, se experimenta una transformación que acaba por transformar el interior en algo más sano y puro.

La visión de los alquimistas del *Opus Magnum* (*Gran obra*) es paralela a lo que los cabalistas describen como el proceso de «hacerse uno con Dios». La Cábala y la alquimia tienen mucho en común. Ambas tradiciones se basan en símbolos para representar ideas que no pueden describirse solo con palabras. Aunque tienen orígenes distintos, ambas tradiciones persiguen un objetivo similar: transformar a las personas y al mundo.

Sin embargo, existen diferencias entre la Cábala y la alquimia. La más importante es que la alquimia se ocupa principalmente de la materia física, mientras que la Cábala se ocupa de la espiritualidad. No obstante, en la época medieval estos dos temas fueron estudiados por culturas de todo el mundo. Los alquimistas coincidían con los cabalistas en la importancia de los símbolos, pero no siempre estaban de acuerdo en lo que representaba cada uno de ellos.

El fuego sagrado

Los alquimistas creían que el espíritu debía liberarse de los elementos materiales, al igual que Moisés levantó la serpiente en el desierto para liberar a su pueblo de la muerte física. Los alquimistas se veían a sí mismos como continuadores del trabajo de separar el oro puro del espíritu de la materia a través de sus experimentos con productos químicos.

Desde la antigüedad, muchas sociedades secretas han realizado rituales que implicaban elevar o despertar este fuego sagrado, que se conoce como el Fuego de la serpiente, *Kundalini* o el Dragón. Se dice que reside en la base de la columna vertebral, dentro de una serpiente enroscada. Los alquimistas se referían a los fuegos del purgatorio y los asociaban a este fuego físico que creían oculto en la materia.

Utilizaban sustancias especiales, llamadas cal viva y fuego blanco, para acelerar el proceso de purificación. La cal viva es óxido de calcio que se forma al calentar la piedra caliza. Los alquimistas lo utilizan para referirse al «calor» que ayuda a eliminar las impurezas. El fuego blanco se refiere al nitrato de magnesio, a veces llamado espíritu de nitro, que es altamente combustible cuando se combina con otras sustancias.

Los alquimistas creían que la cal viva les permitía realizar sus experimentos porque eliminaba la suciedad y las impurezas de los recipientes. Cuando se aplica cal viva a una sustancia, esta se calienta rápidamente y emite vapores que hacen que se expanda. Esto la convierte en una sustancia útil en alquimia, pero si no se utiliza con cuidado, ¡la expansión puede hacer que los recipientes exploten!

Cuando se observan los símbolos alquímicos, se puede ver lo que tienen en común con los cabalísticos. Por ejemplo, los alquimistas utilizaban una serie de pictogramas que colocaban en sus laboratorios y equipos para mostrar qué sustancias había en su interior y cuál era su propósito. Estas imágenes a menudo representaban acontecimientos que estaban teniendo lugar en ese momento, y muchas de ellas hacen referencia a aspectos espirituales.

Técnicas de conexión a tierra y enfoque

La conexión a tierra y el enfoque son técnicas muy útiles antes de realizar cualquier ritual mágico. Se pueden utilizar como una forma de meditación o como ejercicio para preparar el cuerpo para el trabajo mágico. Elevar la *kundalini* o despertar el fuego de la serpiente es algo que se ha enseñado en muchas escuelas de misterio, incluso en occidente.

Lo mismo puede ocurrir con el subconsciente si se enfrenta a las partes de usted mismo que le incomodan. Puede utilizar esta energía para enfrentarse a sus miedos y ser una persona más equilibrada. Aquí tiene un par de ejercicios sencillos que pueden ayudarle a conseguirlo.

Ejercicio de enraizamiento 1: Enraizarse es enfocarse en el momento

La idea de este ejercicio es situarse en el momento presente. Se trata de estar conectado a tierra en su entorno, que cambia constantemente a su alrededor. Antes de realizar una meditación o un trabajo mágico, puede utilizar este ejercicio de conexión a tierra, que es una buena forma de entrar en el estado mental adecuado. Sin embargo, este ejercicio puede resultar difícil si se siente estresado o emocionalmente vulnerable.

Ejercicio de conexión a tierra 2: El cordón de conexión a tierra

Este es un ejercicio sencillo que puede utilizar para conectarse con la Tierra. Puede hacerlo en su imaginación o literalmente saliendo al exterior y poniendo un trozo de cuerda en el suelo. Cuando vuelva a entrar, llévese la cuerda con usted y guárdela en un lugar seguro hasta su próximo ejercicio de conexión a tierra.

La visualización es la siguiente: Imagínese de pie con un pie en el suelo y la otra pierna levantada. Con las dos manos, agarre el hilo de cuerda e imagínese tirando de él desde el suelo, subiendo por todo su cuerpo y sobresaliendo por la parte superior de su cabeza. Puede visualizar una roca o algún otro objeto pesado colgando del extremo de la cuerda para llevarla a casa. Cuando esté preparado, suelte la cuerda. Observe cómo vuelve a la Tierra y es reabsorbida por la madre naturaleza.

Ejercicio de conexión a tierra 3: Ejercicio de conexión a tierra con una vela

Este ejercicio de conexión a tierra utiliza la llama de una vela para ayudarle a equilibrarse y conectarse con su lado espiritual. Puede usarlo para limpiar su aura y ralentizar el proceso de oxidación que ocurre dentro de su cuerpo. El ejercicio es el siguiente. Coloque una vela encendida sobre una superficie y siéntese frente a ella. Imagine que un imán sale de su frente y la atrae mientras mira fijamente la llama. Haga flotar la vela en el aire como si el imán la sostuviera. Imagine que toda la energía negativa se desprende de su cuerpo y vuele hacia la vela mientras lo hace. Cuando se haya ido, podrá ver que su piel adquiere un brillo y se vuelve más bella.

Ritual avanzado del pilar central

El ritual del pilar central es un ritual sencillo que puede utilizar para equilibrar su energía. Elimina bloqueos en diferentes áreas de su cuerpo y ayuda a despertar la *kundalini*. Cuando lo utiliza con una técnica de visualización, puede aumentar fácilmente su poder, porque se convierte en una técnica de proyección astral.

El ritual se realiza de la siguiente manera. En primer lugar, relaje el cuerpo y trate de vaciar la mente de todos los pensamientos. Imagine una bola en medio de su pecho y visualícela cada vez más grande, llenando todo su cuerpo. Cuando se sienta totalmente cargado, imagine que esa bola entra en su chakra raíz y desata un remolino de energía hacia el suelo. A continuación, este remolino sube por su cuerpo, energizando todos los chakras. Luego, se dirige a la parte superior de la cabeza y desciende formando una bola que llena la parte superior e inferior del cuerpo. En este punto, la energía pasa a la tierra.

Puede utilizar este ritual siempre que sienta que su energía está desequilibrada o se sienta estresado. Le ayuda a volver al momento presente y le da el poder de enfrentar sus problemas.

El estudio de la alquimia permite comprender cómo veían el mundo los alquimistas. Utilizaban el simbolismo para representar el fuego dentro de la materia y purificar el cuerpo. Al entender este simbolismo, se comprenden mejor las enseñanzas cabalísticas y, en este capítulo, se comparan una serie de símbolos alquímicos con los cabalísticos para dar una idea de lo que exploraban estas sociedades secretas.

Capítulo 8: Prácticas Rosacruz

«Cuando la rosa y la cruz se unen, el matrimonio alquímico se completa y el drama termina. Entonces despertamos de la historia y entramos en la eternidad». - Robert Anton Wilson.

La orden Rosacruz existe desde hace más de cuatro siglos, pero sus creencias no se enseñan ampliamente, excepto entre las órdenes más secretas de la masonería. Los orígenes «prácticos» de los rosacruces se ven en sus programas de ayuda a la comunidad a través de varios hospitales, clínicas e instituciones para enfermos mentales. La filosofía rosacruz también sostiene que todo ser humano posee una esencia divina llamada «dios interior» y que, mediante prácticas meditativas, no solo se puede comprender mejor lo divino, sino mejorar todos los aspectos de la vida.

Un ritual rosacruz suele ser breve y está diseñado para ayudar a quien participa a comprender mejor a su «dios interior». A través de una breve contemplación, se comprenden y practican ciertos misterios de la vida, como el «misterio de la rosa» y el «misterio de la muerte». Estos misterios no son necesariamente exclusivos de la filosofía rosacruz, sino que son conceptos que han sido explorados por muchas tradiciones y prácticas espirituales. Este capítulo ofrece una introducción a estos conceptos a través de la meditación, la contemplación y otros ejercicios breves y sencillos.

Las siguientes son algunas advertencias importantes a tener en cuenta al practicar los ejercicios y rituales:

No realice ninguno de estos ejercicios o rituales si padece de una enfermedad mental. También debe abstenerse de hacer cualquier ejercicio si se siente incómodo de alguna manera. Los siguientes ejercicios y rituales deben realizarse con la guía de un maestro Rosacruz experimentado.

Meditación en el símbolo de la Rosacruz para alcanzar la iluminación

Los rosacruces utilizan el símbolo de la Rosacruz como ayuda para la meditación. Cuando medite en este símbolo, imagine que está mirando una flor con tallo, hojas, pétalos y pistilos que comienza a florecer. En el centro de la planta hay una cruz hecha de enredaderas. Visualice los cuatro pétalos a cada lado de la cruz, con siete rosas cada uno. La cruz simboliza ahora la resurrección. Las siete rosas de la cruz representan los siete dones del Espíritu Santo. Estos «dones» no se consideran misteriosos u oscuros, sino cualidades innatas en la humanidad. Estos dones son el valor, la imaginación, la intuición, el conocimiento, la comprensión, el amor y el asombro.

Puede intentar una sencilla meditación sobre el símbolo de la Rosacruz. Primero, siéntese en un sitio cómodo que le permita estar relajado y alerta al mismo tiempo. Respire profunda y lentamente. Imagine que está dentro de una Rosacruz y que el símbolo gira sobre su eje. Puede meditar sobre este símbolo todo el tiempo que desee. Este enfoque tiene como objetivo concentrarse en la respiración, pero tenga cuidado. Solo debe realizar actividades en las que se sienta cómodo.

Empiece inhalando cuatro veces y reteniendo la respiración dos tiempos. Exhale en cuatro tiempos, mantenga la respiración durante dos tiempos y visualice una luz blanca que emerge de la coronilla y envuelve su cuerpo. Al realizar esta meditación, es importante ser paciente y no esforzarse demasiado. Simplemente haga todo lo posible por concentrarse y sentirse cómodo, y si empieza a sentirse incómodo, detenga el ejercicio.

Meditación sobre la muerte

Los rosacruces enseñan que se puede comprender la muerte a través de la meditación y la contemplación. Muchas culturas a lo largo de la historia han contemplado lo que ocurre después de la muerte. Los rosacruces enseñan que, durante la meditación sobre la muerte, debe pensar en lo que le gustaría que se hiciera con su cuerpo muerto. Debe imaginar su propia muerte y cómo se toman la noticia quienes le rodean. La gente comúnmente cree que irá al cielo después de morir, pero los rosacruces enseñan que el alma es eterna y nunca puede ser destruida.

Al meditar sobre la muerte, pueden surgir muchas preguntas difíciles. He aquí algunas preguntas frecuentes sobre la muerte:

¿Qué hay más allá de la muerte? ¿Qué ocurre con el alma cuando morimos? ¿Adónde vamos cuando morimos? ¿Hay vida después de la muerte?

Al contemplar estas preguntas, es importante mantener la paciencia y no esforzarse demasiado por encontrar las respuestas. Simplemente hay que concentrarse lo mejor posible y sentirse cómodo y, de nuevo, si se siente mínimamente incómodo, interrumpa el ejercicio.

Las instrucciones comienzan pensando en la propia muerte. Imagine que recibe la noticia de su propia muerte y cómo reaccionaría ante ella. Contemple su propia alma y lo que ocurre cuando muere. Debe imaginar su propio cuerpo en un ataúd y contemplar su próxima vida. Incluso puede preguntarse qué haría si tuviera la oportunidad de volver a vivir.

La filosofía rosacruz enseña que es importante contemplar la muerte. Esta contemplación puede hacerse al despertar por la mañana, justo antes de irse a dormir o en cualquier momento en que se sienta seguro y cómodo. La meditación sobre la muerte es una forma de contemplar lo que ocurre después de la muerte, al tiempo que enseña a vivir cada día al máximo.

Durante la meditación, puede utilizar diversas técnicas de respiración. Por ejemplo, puede concentrarse en inhalar y exhalar lentamente en un ciclo de cuatro tiempos. Esta respiración debe hacerse al mismo ritmo durante todo el ejercicio. Otra técnica para mantener la calma consiste en concentrarse en una luz blanca que se visualiza al exhalar.

Técnicas de respiración

Los rosacruces creen que hay varias técnicas de respiración para calmar y concentrar la mente. Tener la mente en calma es importante porque la mente y el cuerpo están conectados y su estado psicológico puede influir en su bienestar físico. Por ejemplo, las técnicas de respiración ayudan a reducir la frecuencia cardiaca y la tensión arterial. También se cree que respirar de determinadas maneras estimula distintas partes del cerebro.

1. La respiración cuádruple o ciclo cuádruple

La primera técnica de respiración se denomina respiración cuádruple, también conocida como ciclo cuádruple. Esta técnica debe realizarse lenta y uniformemente al mismo ritmo durante todo el ejercicio. También es importante no forzar nunca ninguna respiración e inhalar y exhalar siempre por la nariz. Si no está seguro de cómo realizar esta técnica, consulte a su médico.

Para el ciclo cuádruple, se empieza inhalando por la nariz durante cuatro tiempos, luego se exhala durante cuatro tiempos y, por último, se vuelve a inhalar durante cuatro tiempos. Una vez completado este ciclo, debería encontrarse en el punto en el que empezó. No es necesario contar más de cuatro, pero si la técnica respiratoria le ayuda a mantener la calma y la concentración, puede hacerla durante más tiempo. Solo debe utilizar el ciclo cuádruple durante la meditación y no cuando esté estresado o agitado.

2. Técnica de respiración con luz blanca

Otra técnica que se puede utilizar durante la meditación es la técnica de respiración con luz blanca. Esta técnica ayuda a mantener la calma, ya que lo enfoca en la respiración y anima a habitar el momento presente en lugar de dejarse atrapar por pensamientos negativos. Respirar de este modo ayuda a aumentar la energía y a reducir el estrés.

Para realizar la respiración de luz blanca, debe empezar por tumbarse o sentarse erguido en una posición cómoda. Inhale profundamente por la nariz e imagine que está inhalando luz blanca. A continuación, exhale por la boca y vea la luz blanca viajando a su alrededor. Al principio, es recomendable que se concentre en exhalar lentamente, de modo que tarde unos cuatro segundos en eliminar todo el aire de los pulmones. Si le resulta demasiado difícil, haga respiraciones más cortas hasta que le resulte más fácil.

3. Respiración ligera

El ejercicio de respiración ligera se utiliza para calmar y concentrar la mente. Es un ejercicio que utiliza el conteo y el movimiento para permanecer enfocado en el momento presente. La respiración ligera se realiza de pie, con los pies separados a la altura de los hombros y los brazos a los lados. Comience inhalando por la nariz durante dos tiempos y luego exhalando durante dos tiempos. Mientras inhala, levante los brazos hasta la altura del pecho y, a continuación, bájelos a los costados. Después de completar el ciclo, debe estar en el mismo punto en el que empezó. Debes seguir haciendo la respiración ligera durante al menos diez minutos, pero si descubre que le ayuda a mantener la calma y la concentración, puede hacerla durante períodos más largos.

4. Respiración numérica

La última técnica de respiración que se puede utilizar se conoce como respiración numérica. Este ejercicio está pensado para aquietar la mente centrándose en los números en lugar de en otros pensamientos. Se puede utilizar cualquier tipo de número, pero se dice que contar hasta siete o más puede generar ansiedad, por lo que puede ser mejor empezar con uno o dos.

Para realizar la técnica de la respiración numérica, debe sentarse erguido en una postura cómoda con los ojos cerrados. A continuación, inhale por la nariz y exhale por la boca de una a tres veces. Al realizar el ejercicio, lo mejor es ser consciente de los números sin decirlos en voz alta. Si se distrae con otros pensamientos, puede empezar a decir el número mentalmente, pero intente concentrarse en la respiración.

El método más sencillo de contar es empezar por uno y seguir sumando uno cada vez. Este ejercicio lo calma manteniéndolo concentrado en su respiración. Puede hacerlo durante diez minutos, o más si lo considera necesario. Lo más importante es que no se enfade si se distrae, sino que intente volver a concentrarse en el conteo.

Estas cuatro técnicas de respiración están pensadas para reducir el estrés y mantener la calma. Todas siguen los mismos principios básicos de centrarse en la respiración y no dejar que entren otros pensamientos en la mente. Practicándolas tres o cuatro veces al día, desarrollará un estado mental más tranquilo y relajado.

La respiración de luz blanca es un ejercicio que muchas personas utilizan para ayudarse a sí mismas a relajarse, ya que les centra en su respiración y les anima a enfocarse en el momento presente. La respiración de luz blanca es un buen ejercicio para permanecer tranquilo y centrado en su cuerpo, lo que puede ser especialmente útil para quienes tienen dificultades para meditar. El ejercicio de respiración numérica ayuda a concentrarse en la propia respiración y a no distraerse con otros pensamientos, al tiempo que mantiene la calma. Estos cuatro ejercicios ayudan a reducir el estrés y mantener la calma centrándose en la respiración y en el momento presente.

La práctica de los rituales rosacruces

Los rituales se utilizan para sentirse tranquilo y protegido. Existen diferentes tipos de rituales, el lanzamiento de círculos y la consagración ante los cuatro elementos. Los rituales rosacruces deben realizarse por la mañana, antes de comenzar la rutina diaria, y por la noche, antes de acostarse. Las circunstancias también pueden hacer que los rituales se repitan a lo largo del día. Por ejemplo, si acaba de hacer bendecir su casa por un sacerdote, debe hacer un ritual de los cuatro elementos para que la energía negativa que entre en su casa sea devuelta a su origen. He aquí algunos rituales que se realizan cuando se siente estresado emocional o físicamente, delante de los cuatro elementos y consagrándose a la gran obra.

1. Ritual de incienso menor del pentagrama

El primer ritual Rosacruz se denomina ritual menor de destierro del pentagrama. Es una forma eficaz de eliminar la energía negativa del entorno inmediato, del cuerpo y de la dimensión espiritual. El ritual debe realizarse en una habitación o espacio donde sienta que no será molestado. Para empezar, dibuje un círculo y ubíquese dentro, lo que le ayudará a protegerse de cualquier energía negativa. A continuación, realice un ritual de adivinación encendiendo un trozo de incienso y mirando dentro de la llama hasta que vea una imagen brillante. Luego, cierre los ojos, ponga el incienso encendido delante de usted y concéntrese en exhalar hasta que se sienta tranquilo. A continuación, visualice que respira luz blanca a través de la nariz antes de exhalarla por la boca.

A continuación, el practicante debe pasar el incienso encendido a la mano izquierda y mantenerlo cerca del pecho con ambas manos en posición de oración. Luego, visualice un pentagrama brillante pintado de luz blanca que flota frente a usted, antes de ver cómo el pentagrama se cierra sobre usted como una burbuja. Entonces mueva el incienso encendido a su mano derecha y manténgalo cerca de su pecho con ambas manos en posición de oración. A continuación, visualice otro pentagrama brillante de luz blanca que flota detrás de usted, antes de verlo cerrándose sobre usted como una burbuja.

Después de seguir estos pasos, puede levantar la mano izquierda con la palma abierta hacia el cielo. A continuación, visualice un pentagrama blanco de luz sobre usted, que le ayudará a limpiar la zona de cualquier energía negativa. Para terminar, mantenga la mano derecha en alto, apuntando con la palma abierta hacia el cielo. Visualizará un pentagrama blanco de luz debajo de usted, que ayudará a limpiar su cuerpo y su persona de cualquier energía negativa.

2. Ritual menor del hexagrama

El segundo ritual Rosacruz se llama ritual menor del hexagrama. Lo mejor para este ritual es que haya cuatro personas presentes, una representando a cada elemento. Las cuatro personas deben gozar de buena salud y sentirse cómodas realizando el ritual juntas. Pueden empezar encendiendo una vela blanca delante de cada elemento representado por cada persona. A continuación, deben colocarse en el centro de una cruz de brazos iguales, con los brazos en posición de oración y los dedos tocándose en el centro. La cruz representa el equilibrio y es el punto de encuentro de los cuatro elementos. A continuación, deben realizar el ritual de incienso menor del pentagrama mientras visualizan un pentagrama blanco brillante de luz por encima y por debajo de todos. Una vez realizado el ritual de incienso, deben empezar a visualizar un hexagrama blanco brillante de luz que forma una barrera invisible a su alrededor. A continuación, deben visualizar un pentagrama blanco brillante de luz por encima y por debajo de ellos, que ayudará a limpiar la zona de cualquier energía negativa. Finalmente, deben visualizar un hexagrama blanco brillante de luz en su interior, que ayudará a mantener sano el cuerpo de todos.

3. Ritual de la Rosacruz

El tercer ritual Rosacruz se denomina Ritual de la Rosacruz. Este ritual crea un muro imaginario de protección y limpieza que fortalece la conciencia más allá del mundo material. Lo mejor es realizar este ritual a última hora de la noche para despejar la mente de pensamientos y distracciones antes de irse a dormir. Debe empezar acostándose boca arriba en una posición cómoda. A continuación, visualice una luz blanca brillante que desciende del cielo y llena su cabeza de energía sagrada. Luego, visualícese nadando en un hermoso océano lleno de luz blanca y energía positiva. Entonces, visualice una rosa blanca brillante con catorce pétalos blancos formándose fuera del agua y subiendo hasta su cabeza. Luego, visualice una cruz dorada brillante que desciende del cielo y atraviesa el centro de la rosa.

Cuando levante la mano derecha, visualizará un pentagrama blanco brillante de luz sobre usted, que ayudará a limpiar la zona de cualquier energía negativa. Cuando levante la mano izquierda, debe visualizar un pentagrama blanco brillante pintado con luz debajo de usted, que ayudará a limpiar su cuerpo y su persona de cualquier energía negativa.

Estos tres rituales están pensados para traer cambios positivos y limpieza a su vida. El ritual menor de incienso del pentagrama es un ritual destinado a limpiar su espacio vital y su persona. El ritual menor del hexagrama está destinado a equilibrar la energía de todos los elementos en el interior. El Ritual de la Rosacruz sirve para crear un muro imaginario de protección y limpieza.

Estos tres rituales están pensados para limpiarlo a nivel espiritual. El propósito de limpiarse es alcanzar la iluminación y estar más cerca de Dios. En la Cábala, el término hebreo para Dios es *Ein Sof*, que significa que nada puede existir o vivir fuera de Dios. Esto se debe a que la magnificencia de Dios no se puede describir con palabras, porque todo lo que existe es una extensión de Dios y vive dentro de Él. Por lo tanto, todo lo que existe es Dios y Dios es todo lo que existe.

El Rosacruz es una forma de misticismo moderno basado en la Cábala hebrea y el hermetismo. Fue fundado por el médico y ocultista alemán Christian Rosenkreuz a principios del siglo XV. El Rosacruz basa sus enseñanzas en el estudio de la cábala cristiana y el hermetismo. La cábala es una forma de misticismo judío influida por el Corán, el hinduismo y el texto hebreo *Sefer Yetzirah*. El hermetismo es un sistema de pensamiento influenciado por las tradiciones científicas y filosóficas del antiguo mundo grecorromano.

Capítulo 9: La mística diaria

«Meditaré en tus preceptos y fijaré mis ojos en tus caminos». (Salmo 119:15).

El estudio y la práctica de la mística Rosacruz lo acercan a Dios mucho más de lo que cree. La meditación, la conexión a tierra, la protección, la oración y el ritual son herramientas vitales para un místico. La filosofía rosacruz aporta ideas para iluminar estos esfuerzos. La meditación diaria es la práctica mística más importante. Enseña a no perderse en el propio mundo e impide ser esclavo de los pensamientos. La conexión a tierra y la protección son elementos fundamentales para las batallas psíquicas. La oración une con Dios y permite hablar con Él directamente. Después de la meditación, la oración es la herramienta más importante y vital para un místico. El ritual ayuda a estructurar el día y a dar sentido a cada momento. En este capítulo se detallan algunas de estas artes místicas y cómo ayudan en el camino hacia Dios.

Meditación para místicos rosacruces

La filosofía rosacruz está construida sobre la base de la meditación. Este es el corazón y el alma del misticismo rosacruz. La meditación es un ejercicio espiritual que permite convertirse en un maestro de los pensamientos propios. Es el centro desde el que se comprenden todas las demás artes y ciencias. La meditación es la entrada en el pensamiento y el ser místicos, desde allí es posible escapar de la vida mundana y entrar en un mundo de posibilidades infinitas.

La oración diaria de los rosacruces da paso a la meditación, que es una herramienta espiritual que ayuda a mantener el equilibrio en la vida. Enseña a desprenderse del mundo y a entrar en un estado de trance. Es una herramienta práctica que evita que seamos cautivos de los pensamientos. La meditación es el momento en que nos retiramos de la vida normal y entramos en un mundo nuevo que está dentro de nosotros. El tiempo y el espacio se detienen y es posible contemplar los grandes misterios de la vida. La meditación es una vía de doble sentido que proporciona enormes ventajas, tanto internas como externas. Su objetivo es favorecer la cercanía con Dios.

La meditación es la llave que abre la puerta a muchas otras vías místicas, como la conexión a tierra, la protección y la oración. La meditación es el corazón de la magia y el misticismo rosacruz. Ayuda a retirarse del mundo de las ilusiones y a construir nuestra fuerza interior. La meditación da la fuerza suficiente para valerse por sí mismo, al tiempo que anima a mirar a las estrellas.

La meditación es un ejercicio maravilloso que místicos, santos y sabios han utilizado a lo largo de los siglos para alcanzar estados superiores de conciencia. Muchas personas dejan que sus mentes se vuelvan locas con pensamientos interminables. Estos pensamientos interminables pueden convertirse en una pesada carga y provocar enfermedades mentales, depresión e incluso suicidio. La meditación enseña a poner orden en los pensamientos. Esta herramienta rosacruz permite cambiar una mente caótica por una contemplativa. Solo así se puede ver con claridad y pensar racionalmente en la era moderna. La meditación se ha utilizado durante siglos para alcanzar el objetivo último del misticismo, la unión con Dios.

Conexión a tierra

La conexión a tierra es una pieza importante de la caja de herramientas de los rosacruces. La conexión a tierra es un método de protección psíquica. Entra en juego cuando se debe enfrentar un ataque psíquico, maldiciones, magia negra y similares. La conexión a tierra protege el campo áurico creando una capa protectora que cubre el cuerpo astral. No es una herramienta sutil, pero sí eficaz. La práctica de la conexión a tierra ayuda a encontrar el propio centro en este mundo. A nivel físico, cuando hay conexión con la tierra, significa que los pies están firmemente plantados en el suelo. Así funciona también en el plano astral. Cuando los pies están afirmados, no es fácil ser arrastrado por las tormentas de la vida. El enraizamiento ayuda a desarrollar la fuerza de voluntad necesaria para triunfar en este mundo. Además, permite centrarse en los objetivos específicos.

La conexión a tierra obliga a traer la mente de vuelta al aquí y ahora. Esto es esencial para sobrevivir en el mundo materialista actual. La práctica del enraizamiento ayuda a encontrar un camino en el mundo. Enseña a no depender de nadie más que de sí mismo. Esto ayuda a conseguir grandes cosas en la vida. La idea de la conexión a tierra es caminar descalzo al aire libre y dejar que las energías de la tierra fluyan a través del cuerpo, aliviando el estrés y recargando las baterías.

Cuando su campo áurico está abierto, es más receptivo a las energías, tanto a las buenas como a las malas. Si usted no presta atención a su energía, puede convertirse en un canal para las energías negativas que traen desgracias a la vida. Las entidades negativas pueden utilizar su campo áurico para acceder a este mundo. Incluso pueden tomar el control de su cuerpo físico y causar estragos en el mundo material. La conexión a tierra mantiene su campo áurico cerrado, protegiéndole de las «malas vibraciones».

Escudos

Cuando los peligros de la vida amenazan, se invocan protecciones o escudos para protegerse. Pueden convertirse en un muro impenetrable que bloquea cualquier energía negativa. Los escudos son una barrera psíquica constante que permanece alrededor de quien los invoca en todo momento. Son un campo de energía invisible que mantiene a salvo de cualquier daño.

La conexión a tierra y la protección van de la mano, ya que la primera da la fuerza necesaria para potenciar los escudos. Por eso es tan necesaria tanto la conexión a tierra como la protección para obtener la máxima seguridad. Un escudo es un muro que aleja las energías negativas. Puede hacer rebotar cualquier energía negativa dirigida hacia usted antes de que alcance su objetivo. Esta es una habilidad que necesita práctica para ser dominada. Algunos ataques psíquicos son muy fuertes y se necesita mucha fuerza para rechazarlos. Las entidades negativas no pueden atravesar protecciones bien desarrolladas.

Los escudos pueden ser tan fuertes como diamantes, mantienen alejadas las malas vibraciones de cualquier tipo. Protegen de los vampiros psíquicos que quieren chupar la energía y debilitar. Bloquean cualquier ataque psíquico y otros similares, manteniendo el campo áurico cerrado a las energías negativas. Los escudos no permiten que ninguna energía negativa penetre en ellos. También hay escudos psíquicos que funcionan como un espejo, reflejando cualquier energía negativa de vuelta a su emisor.

Los escudos son un muro que mantiene a salvo del peligro del mundo exterior. No son barreras, sino muros metafísicos que impiden que la negatividad nos alcance. La fuerza de su escudo depende de cuánta energía psíquica pongas en su construcción. Los escudos son de diferentes colores y formas, dependiendo de la naturaleza de la energía que quiera proteger. A medida que desarrolla sus habilidades psíquicas, puede afinar sus escudos y hacerlos más efectivos. Como cualquier otra cosa en la práctica esotérica, se requiere práctica y paciencia para dominar esta habilidad.

Práctica diaria de protección

El mejor seguro contra la magia negra es practicar a diario la conexión a tierra y la construcción de escudos. Visualice su luz blanca protectora rodeándolo como un manto en todo momento. Cuanto más practique esto, mejor se volverá. También puede rodearse de fuego blanco divino siempre que necesite protección si no se siente cómodo trabajando con su energía.

También puede invocar al arcángel Miguel para que lo proteja. Es a él a quien se acude cuando se necesita protección de cualquier tipo, ya que es el líder de los ángeles. Es el responsable de mantener el orden en el cielo y evitar que ocurran catástrofes aquí abajo. Los arcángeles son los responsables de proteger el planeta de las energías negativas.

La práctica diaria de la conexión a tierra mantendrá su escudo en su lugar. No importa qué trabajo o tarea esté haciendo, recuerde siempre hacer el ejercicio de conexión a tierra antes de seguir con sus asuntos. Nunca se sabe cuándo una energía negativa puede entrar en su campo áurico y causar algún daño.

Oraciones y mantras

La oración es una de las mejores maneras de mantener su escudo en su lugar. Ayuda a crear una conexión espiritual entre usted y Dios. Mientras reza, visualice su escudo a su alrededor. Rezar fortalece la conexión entre usted y su yo superior. También fortalece su conexión con los ángeles.

La oración funciona mejor cuando se toma unos minutos cada mañana para sentarse en silencio y recitar en voz alta. Puede rezar para pedir protección o cualquier otra cosa que desee; los mantras también son buenos para mantener su escudo en su lugar. Como siempre, tenga cuidado de no excederse, ya que todo lo que se hace en exceso puede ser perjudicial.

Cualquiera que practique magia debe reflexionar sobre lo que está haciendo antes de hacerlo y tener siempre presente la seguridad. Tomarse el tiempo necesario para pensar en lo que está haciendo le ayudará a mantenerse a salvo de cualquier accidente que pueda ocasionar si su mente divaga en otra parte. No descuide la visualización cuando trabaje con cualquier herramienta mágica. La visualización es muy importante cuando se trata de energía, ya que ayuda a mantener todo bajo control en su campo áurico. Cuanto más practique, mejor se volverá.

Visualización Nocturna

El acto de visualización es muy importante para mantener su campo áurico sano y salvo. Si visualiza su energía siguiendo el camino adecuado hacia dentro y hacia fuera, tendrá mucho más control sobre ella. En el momento en que visualiza su energía moviéndose de esta manera, las energías negativas son incapaces de penetrar en su campo áurico. Las únicas personas capaces de atravesar su campo áurico son las que pueden verlo. Sin embargo, quienes son capaces de ver auras no serán capaces de leer sus pensamientos. Solo podrán ver su aura si usted la proyecta. Si tiene los pies en la tierra y es consciente de su campo áurico, lo controlará totalmente.

Para practicar esta visualización nocturna, siéntese y relájese. Cierre los ojos y respire profundamente varias veces antes de empezar el ejercicio. Cuando esté preparado, visualice los acontecimientos de su día, empezando por los de la noche y retrocediendo hasta los ocurridos por la mañana. Esta técnica es especialmente eficaz para quienes tienen dificultades para recordar cosas del pasado. Además de mantenerlo conectado a tierra, este ejercicio nocturno le ayudará a mantener el rumbo durante el día.

Haga este ejercicio mágico durante un mes y su escudo estará en su sitio. Entonces estará listo para trabajar con cualquier tipo de magia que desee, incluyendo su meditación diaria. Tenga en cuenta que todo lo que se hace en exceso puede ser perjudicial, así que no se olvide de dar a su campo áurico un descanso de vez en cuando. Este ejercicio ayuda a estar en armonía con usted mismo. También le enseña a controlar sus pensamientos y acciones.

Todos estos ejercicios le ayudarán a mantenerse en sintonía con quien es a lo largo del día y le permitirán comprender mejor la ley de causa y efecto.

Ley de Causa y Efecto

Es importante ser consciente de la ley de causa y efecto cuando se trabaja con cualquier herramienta mágica. Cualquier hechizo o ritual que realice volverá a usted triplicado. Esto significa que cualquier hechizo que lance volverá a usted tres veces más fuerte de lo que era cuando lo envió. Si por alguna razón no quisiera recibir el resultado de un hechizo, no lo haga. Lo mismo ocurre con todo lo que hace a lo largo del día, incluidos los pensamientos y acciones. Todo lo que haga se le devolverá por partida triple, por lo que debe ser consciente antes de actuar o hablar. Sus acciones afectan la forma en que la gente lo ve y ve sus mensajes.

Hay muchas herramientas que puede utilizar en su búsqueda de crecimiento espiritual. No hay necesidad de ceñirse a una u otra, pero debe ser consciente de las implicaciones de todo lo que hace. Es importante que dedique un tiempo diario a conectarse a tierra y la visualización. Si tiene algún problema, póngase en contacto con una tienda metafísica local para que le ayuden, o investigue en internet. Todas las herramientas enumeradas en este capítulo son seguras y le beneficiarán de un modo u otro. Depende de usted elegir el camino que mejor se adapte a sus necesidades y le permita crecer espiritualmente.

Bono I: Los signos secretos de los rosacruces

Los signos secretos de los rosacruces se popularizaron con un ocultista doctor en medicina, Franz Hartmann, quien se basó en La Hermandad Blanca Universal, una sociedad oculta vagamente organizada con facciones en Europa, América, Asia y Australia, para sus enseñanzas. Hartmann incorporó los dieciséis signos secretos de los rosacruces en su libro *La vida más allá de la muerte*, publicado en 1896. Sus escritos sacaron a la luz por primera vez los signos secretos; anteriormente, solo se transmitían oralmente entre los miembros de la Hermandad Blanca Universal. Este capítulo presenta cada uno de los signos secretos.

Los dieciséis signos secretos de los rosacruces

1. El signo de la paciencia

Este signo indica que un adepto está dispuesto a esperar durante eones a que se desarrolle el plan divino. Además, está dispuesto a ser paciente consigo mismo, con los demás y con el proceso de la vida. El signo de la paciencia es un llamado a la paz, la aceptación y la objetividad. Se utiliza en presencia de alguien demasiado emocional, para recordarle que debe ejercitar la paciencia y la tolerancia. Al utilizar este signo, el adepto muestra que está serenamente desvinculado del resultado.

2. El signo de la bondad o la caridad

El signo de la bondad o la caridad es un llamado a la paz. Este signo llama a los adeptos a mostrar bondad, simpatía, empatía y benevolencia hacia los demás. También se relaciona con la doctrina Rosacruz según la cual se debe ser amable consigo mismo y desarrollar paciencia con los propios defectos. Cuando el signo de la bondad o la caridad se utiliza en público, enfatiza en la compasión y la amabilidad, incluso con aquellos que son hostiles.

3. El signo de la envidia

El signo de la envidia se utiliza cuando un Rosacruz desea desalentar la envidia o llamar a la gratitud. Apela a la autoconciencia, a la autorregulación y a la liberación de la vulnerabilidad emocional asociada con la envidia. Este signo ayuda a cultivar la gratitud en la vida del adepto a la vez que desalienta los sentimientos de descontento causados por codiciar lo que otros tienen. El Rosacruz utiliza este signo cuando siente la tentación de ser envidioso.

4. El signo de la mentira

Al utilizar el signo de la mentira, un Rosacruz pide honestidad e integridad en su vida. Es un recordatorio de que debe ser sincero consigo mismo y con los demás. Este signo también entra en juego cuando alguien siente que le han mentido o cuando desea mentir para ayudarse a sí mismo o a otra persona. El signo de la mentira también se utiliza cuando un Rosacruz siente la necesidad de romper un pacto o una promesa.

5. El signo de la codicia

El signo de la codicia es un llamado a la compasión y a la comprensión. Se utiliza para ayudar a alguien a superar su avaricia, materialismo y naturaleza egocéntrica, animándole a contentarse con lo que tiene. Al pedir un cambio de perspectiva, este signo desarrolla su sentido de la compasión y la conciencia. Se utiliza cuando alguien siente que ha sido o está siendo privado de algo que desea.

6. El signo de la ira

Cuando se sienta enfurecido, este signo le invita al autocontrol. Le recuerda que debe abstenerse de la violencia y cultivar la paz en su interior. Este signo también puede utilizarse en situaciones en las que la ira o la violencia se dirigen hacia usted. El signo de la ira desarrolla la paciencia y la autorregulación en la vida y fomenta la no violencia como forma de vida.

7. El signo de la soberbia

Al utilizar el signo de la soberbia, se invoca a la mente superior para que ayude a superar el orgullo y la soberbia. Es un llamado a la humildad y permite estar agradecido por los propios talentos y habilidades sin necesidad de presumir o alardear. El signo de la soberbia le recuerda que debe ser humilde, incluso cuando haya hecho o experimentado grandes cosas.

8. El signo de la arrogancia

El signo de la arrogancia se utiliza para superar el sentido de superioridad e invocar a la mente superior para ser más humilde. Exige autoconciencia, honestidad y autorregulación. El Rosacruz utiliza este signo cuando siente que es mejor, más inteligente o más capaz que otras personas.

9. El signo de la ambición

Este signo se utiliza para representar la doctrina Rosacruz de apuntar alto, pero sin dejarse consumir por las ambiciones. Anima a fijarse metas altas, pero a trabajar con diligencia y perseverancia para alcanzarlas. También fomenta la autodisciplina y se utiliza cuando alguien se siente abrumado por su ambición. El Rosacruz utiliza este signo cuando siente la necesidad de disminuir sus expectativas o de trabajar con más paciencia y cuidado para alcanzar sus objetivos.

10. El signo de la justicia

El signo Rosacruz de la justicia es un recordatorio de que se debe ser justo e imparcial con todas las personas, incluso si nos agravian o hieren. Se utiliza para pedir ayuda a la mente superior con el equilibrio, el autocontrol o el desapego. Este signo enseña que, siendo justo y equitativo, puede elevarse por encima de los agravios. Se utiliza cuando el Rosacruz siente que está siendo tratado injustamente o se siente ofendido por otra persona.

11. El signo de la pureza

La doctrina Rosacruz de la pureza recuerda que se debe ejercer moderación en todas las cosas, incluyendo el habla, la comida, la expresión sexual, el placer y el entretenimiento. Se utiliza para desarrollar el control sobre los sentidos y evitar el libertinaje, la adicción o la gula. Este signo también se utiliza para superar el sentimiento de culpa o vergüenza. El signo anima a aceptarse tal y como es, sin sentirse culpable por errores y experiencias pasadas.

12. El signo de la fe

Este signo se utiliza en presencia de alguien que no es religioso o espiritual, para transmitirle que tiene un lugar en la jerarquía espiritual. Se utiliza para despertar la fe, la esperanza y la confianza en los demás. El signo de la fe también simboliza que se puede acceder a la sabiduría de Dios en cualquier momento y que la orientación de los guías espirituales está siempre disponible. Este signo es un recordatorio para abrir la mente y el corazón y no dejar que el miedo o la duda interfieran en el proceso de escuchar.

13. El signo del amor

Este signo se utiliza para transmitir una atmósfera de amor y armonía. También para ayudar a los demás a sentirse más tranquilos y relajados o para ayudarles a recordar que todos somos miembros de la raza humana. Este signo puede utilizarse si alguien se siente enfadado con otro, para ayudar a la otra persona a entender que no se pretende hacerle daño, sino permitirle sentir más amor. El signo llama a la mente superior para superar la ira y el sentimiento de desagrado hacia otros.

14. El signo de la unión

El signo de la unión se utiliza para recordar que todos somos uno y que el universo es una expresión de unidad singular. También representa la promesa de Dios de unirnos en una comprensión más profunda de la verdad. Este signo se utiliza para disolver conflictos y promover la armonía, especialmente cuando resulta difícil unir los sentimientos con los de otra persona. Apela a la mente superior para encontrar la verdad mayor y unificar las propias experiencias con otros en el amor y la comprensión.

15. El signo del trabajo

El signo del trabajo representa la enseñanza Rosacruz de que se debe trabajar diligentemente para alcanzar los objetivos. También representa el principio del karma y recuerda que se debe tener cuidado con lo que se cree, ya que volverá. Este signo se utiliza para concentrar la energía de los pensamientos, palabras y acciones. Ayuda a mantenerse humilde a través del trabajo duro. El signo recuerda que cada idea, pensamiento y palabra llevada a la acción se multiplica por diez. También recuerda estar siempre agradecido por los dones que nos han sido concedido.

16. El signo del autosacrificio

Las personas utilizan este signo para recordarse a sí mismas que deben estar dispuestas a renunciar a sus apegos para lograr el crecimiento espiritual. Este signo se utiliza para pedir discernimiento al yo superior mientras se descarta lo que no tiene valor y se desarrolla una conexión más profunda con el yo espiritual. Cuando se utiliza junto con el signo de la unión, ayuda a comprender que al dar de sí mismo, se tiene más para compartir con los demás.

Los dieciséis signos secretos que el médico y ocultista Franz Hartmann popularizó para la Fraternidad Rosacruz animan a vivir una vida llena de amor, fe, esperanza y comprensión. Recuerdan que existen guías espirituales que siempre están disponibles para ayudar. También animan a dar de sí mismo para obtener las mayores recompensas, incluida la iluminación espiritual y una comprensión más elevada. Practicando los signos secretos del Rosacruz, se mejora personalmente y se puede ayudar a los demás.

Bono II: Convertirse en Rosacruz

Para convertirse en Rosacruz, primero debe buscar con honestidad el conocimiento y la sabiduría. Debe haber desarrollado una mente perspicaz que no se desvíe hacia la izquierda o la derecha, sino que busque la verdad por sí misma. Debe estar dispuesto a ir adonde le lleve la búsqueda y a sacrificar ideas preconcebidas o deseos personales de verdad. También debe estar dispuesto a realizar los trabajos necesarios para hacerse digno de la orden.

A medida que los alumnos estudian diversos aspectos de la naturaleza, sobre todo los que han pasado desapercibidos o han sido inexplorados por la ciencia moderna, empiezan a darse cuenta de que aún quedan muchos secretos por desvelar. En el mundo actúan fuerzas, a veces visibles y otras no, que actúan de formas que no siempre son evidentes. Aquellos con mentes y corazones abiertos se darán cuenta de que hay más en el mundo de lo que se ve a simple vista, y aquellos que no pueden reconocer esto son ciegos, sordos y mudos, o bien voluntariamente ignorantes.

Muchos caminos conducen al templo de la sabiduría, pero solo hay un templo. El estudiante sabio no se deja distraer por escuelas u organizaciones que ofrecen más de lo que realmente pueden dar. Mantiene sus ojos en la meta y sigue las señales que le muestren el camino. Este capítulo ofrece una breve introducción a quienes deseen seguir con estos estudios.

Los pasos de la iniciación

Hay cinco pasos para convertirse en Rosacruz y deben seguirse en orden. Son el *probationer*, el *Neophyte*, el *Zelator*, el *Theoricus* y el *Practicus*. Hay un sexto paso opcional llamado el portal. En todas las organizaciones masónicas y rosacruces regulares, un período de prueba precede a todos los grados superiores. El objetivo es el mismo, consiste en determinar si el candidato posee las cualidades necesarias para ser admitido en el grupo.

El grado *Probationer*

Toda orden masónica y Rosacruz se compone de tres grados, a veces llamados Logia Azul porque, antiguamente, la sala donde se celebraban dichas reuniones estaba decorada con telas azules. El primer grado se denomina aprendiz o, más comúnmente, primer grado. El segundo grado añade algunas lecciones al primero, y se denomina grado de compañero. El tercer grado, que a veces se denomina grado de maestro masón, añade aún más lecciones a quienes han obtenido los conocimientos de los dos primeros grados. Mientras que los dos primeros grados requieren solo algo de memorización y representaciones teatrales, el tercer grado exige algo de trabajo físico, como subir escaleras o arrastrarse por espacios reducidos.

El grado *Zelator*

El segundo grado se denomina grado *Zelator*. En ciertas organizaciones, se denomina «introducción a la alquimia» o algún título similar. Además de tener más lecciones y juegos simbólicos que el primer grado, requiere memorizar la tabla elemental del pilar central y ciertos signos, agarres, contraseñas y otros conocimientos. Mientras que el primer grado es bastante sencillo de obtener, superar las pruebas para el segundo grado suele reservarse a aquellos que han demostrado su valía.

El grado *Neophyte*

A medida que el candidato supera el periodo de prueba, se le suelen dar algunos conocimientos básicos para prepararle para el siguiente grado. Este se denomina grado *Neophyte*, o a veces simplemente «la iniciación», y solo requiere unas pocas semanas o meses de estudio. Generalmente, se basa en la comprensión del culto al sol, la alquimia, la numerología, la astrología y otros temas similares.

Una tradición común en los grupos masónicos es que el nuevo candidato elija un nombre por el que será conocido en este grado. A menudo, eligen algo que revela su personalidad y sus antecedentes. De este modo, anuncian sus intenciones con la mayor claridad posible y demuestran que tienen al menos cierta comprensión de las artes tan apreciadas por los rosacruces.

El grado *Theoricus*

En la mayoría de las organizaciones masónicas y rosacruces, el siguiente paso se denomina grado *Theoricus*. Le da a alguien una visión más profunda de la metafísica y la alquimia, además de ayudarle a construir su carácter para aprender a distinguir entre el bien y el mal. El grado equivalente en la masonería se denomina «*Fellow Craft*» o segundo grado. En las órdenes rosacruces, suele denominarse «*Practicus*». Este grado incluye conferencias sobre temas como los siete principios de la alquimia y cómo se relacionan con el desarrollo psíquico, los usos de la adoración del sol y las cualidades que debe buscar un Rosacruz en su vida diaria.

El grado *Practicus* o portal

El paso final para convertirse en Rosacruz se llama el grado portal o, en la francmasonería, a menudo se conoce como el grado de «Maestro masón». Añade más conocimientos sobre astrología, alquimia y otras ideas metafísicas que mejoran las propias capacidades mentales. Esta etapa de instrucción reúne todo lo que el candidato ha aprendido hasta ese momento y para ello se le dan herramientas que le ayudan a lograr su objetivo final de poner orden en el caos. Este grado suele incluir conferencias sobre temas de medicina, teosofía y disciplinas afines.

La preparación

Además de las ceremonias de grado, existen otros requisitos para convertirse en Rosacruz. Es muy común que los miembros de la orden se interesen por diferentes áreas de estudio. Esto les permite obtener una perspectiva completa del mundo y también les ayuda a familiarizarse con una gama más amplia de temas. En las órdenes rosacruces, a menudo se espera que los nuevos miembros tengan una buena comprensión de estos temas antes de ingresar:

- **Astrología:** Deben estar familiarizados con la posición del sol, la luna y los planetas en el zodiaco en el momento de su nacimiento.

- **Alquimia:** Deben mostrar una comprensión de lo que es la alquimia y cómo se relaciona con los tres grandes principios de Hermes Trismegisto. Además, deben ser capaces de realizar experimentos alquímicos básicos y comprender algunos de los símbolos básicos de la imaginería alquímica.

- **Magia:** Los nuevos miembros deben tener una idea general de lo que es la magia y cómo se relaciona con otras ideas metafísicas. Si no están seguros, la orden puede permitirles estudiar temas relevantes durante unos meses antes de ser aceptados como miembros.

- **Estudios religiosos:** Deben estar familiarizados con las historias y principios básicos de diferentes religiones. Si todavía no están seguros, los grupos rosacruces les permiten estudiar el cristianismo y algunas otras religiones durante un corto periodo de tiempo antes de ser iniciados.

Grupos oficiales

Muchos grupos rosacruces tienen facciones en diversas partes del mundo. Algunos de ellos son pequeños, mientras que otros tienen muchas facciones. Estos grupos a menudo tienen sitios web vinculados al sitio web de la orden Rosacruz. Todos estos grupos están bajo auspicio de una de las órdenes reconocidas por los rosacruces. Algunas de las órdenes Rosacruz más conocidas son:

- La Antigua y Mística Orden *Rosae Crucis*, o AMORC
- *Societas Rosicruciana* en América
- La Orden Martinista
- *Fraternitas Rosae Crucis*, o FRC
- La Orden Hermética de la Aurora Dorada
- Los Constructores del *Adytum*, o BOTA

Recursos

Si está interesado en unirse a una orden Rosacruz, hay varios recursos en los que puede encontrar más información sobre ellas.

- El FAQ Rosacruz proporciona información detallada sobre cómo unirse a la mayoría de los grupos Rosacruz.
- El sitio web oficial de la orden Rosacruz proporciona información sobre cómo unirse a la AMORC.
- El sitio web de la *Societas Rosicruciana* en America contiene información sobre cómo unirse a su grupo.
- El sitio web de la orden Martinista contiene información sobre cómo unirse a su grupo, incluido un formulario para descargar, diligenciar e iniciar el proceso de afiliación.
- El sitio web del FRC contiene información sobre cómo unirse a su grupo.
- El sitio web oficial de BOTA contiene información sobre cómo unirse a su grupo.
- El sitio web de AMORC tiene información sobre el la orden Rosacruz en general, incluyendo artículos sobre su historia y creencias.

Una vez que un candidato ha cumplido todos los requisitos, se le permite solicitar su ingreso en una de las órdenes rosacruces. Algunos grupos exigen realizar un breve examen antes de permitir el ingreso a la orden. Una vez superados todos los requisitos, se les acepta como nuevos miembros y se les invita a participar en ceremonias que les permiten progresar de un grado a otro. En este punto, se les informa de los pasos que deben seguir antes de pasar al siguiente grado.

Conclusión

Lo que ha aprendido en esta sección es que los fundadores y quienes dieron origen a la orden Rosacruz fueron todos hermetistas cabalísticos, y por lo tanto trajeron consigo una influencia significativa de la alquimia y el misticismo *Merkavah*. La orden Rosacruz es una orden de magia astral basada en el judaísmo místico y el cristianismo. Varios de sus fundadores eran cabalistas judíos, mientras que otros eran místicos cristianos. Todos ellos se unieron para crear una mezcla que constituye el movimiento Rosacruz moderno (y la masonería).

Aunque existen algunas diferencias entre la Cábala y la *Merkavah*, si se miran con suficiente detenimiento, son muy similares. Esto se debe principalmente a que la Cábala tiene sus raíces en la *Merkavah* y la forma en que se establecieron sus doctrinas fue a través de un libro llamado *Sefer Yetzirah*, que es una guía para meditar sobre el misticismo judío. Los conceptos del inframundo espiritual y los sistemas de chakras son también muy similares tanto en la Cábala como en la alquimia y la *Merkavah*. El cuerpo astral, la sede del alma y el plano de *Yetzirah* forman parte de este sistema místico.

Esta guía es un manual para quienes quieran ir más allá y profundizar en las enseñanzas del Rosacruz y del cristianismo esotérico. Ofrece suficiente información para que, si está interesado, pueda profundizar en este tema. En el primer capítulo, se esboza el Rosacruz de forma sencilla y se da una idea de la orden Rosacruz original. En el segundo capítulo, se habla de quién era Christian Rosenkreuz y de la historia de la orden Rosacruz.

El tercer capítulo trata los misterios de Hermes, y el cuarto, el *Poimandres*, un texto gnóstico. El quinto capítulo aborda el sistema místico de la *Merkavah*, incluyendo los distintos niveles del cielo y sus correspondencias en el Árbol de la Vida cabalístico. El sexto repasa los veintidós caminos de la iluminación, así como los viajes místicos del camino y mucho más. El séptimo capítulo trata de la alquimia y la Cábala a través del análisis de *Yesod, Hod* y *Netzach* en el Árbol de la Vida cabalístico. El octavo capítulo trata de las prácticas rosacruces y de cómo practicar este sistema de judaísmo místico.

El noveno capítulo cubre en profundidad la vida diaria de un Rosacruz, así como otros temas importantes. En los capítulos extra, hemos dado una idea de los signos secretos de los rosacruces, así como una guía rápida para convertirse en Rosacruz. Finalmente, hemos incluido una lista de lecturas adicionales para los estudiantes serios.

Todo esto ha sido un pequeño vistazo al complicado mundo Rosacruz y hermético. Esta guía ha sido creada para que usted pueda salir y ampliar sus conocimientos en este campo si así lo desea. Hemos intentado dar una base sólida del Rosacruz y temas relacionados como la Cábala, la alquimia y el misticismo *Merkavah*. Esperamos que esta guía haya resultado educativa, informativa, interesante y entretenida.

Vea más libros escritos por Mari Silva

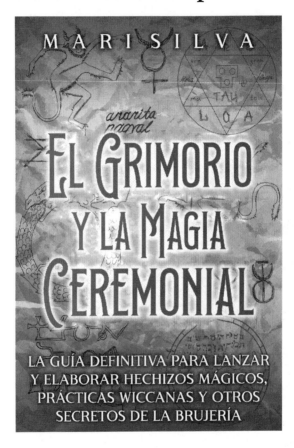

Su regalo gratuito

¡Gracias por descargar este libro! Si desea aprender más acerca de varios temas de espiritualidad, entonces únase a la comunidad de Mari Silva y obtenga el MP3 de meditación guiada para despertar su tercer ojo. Este MP3 de meditación guiada está diseñado para abrir y fortalecer el tercer ojo para que pueda experimentar un estado superior de conciencia.

https://livetolearn.lpages.co/mari-silva-third-eye-meditation-mp3-spanish/

Referencias

Goodrick-Clarke, N. (2008). Rosacruz. En The Western Esoteric Traditions (pp. 107–130). Oxford University Press.

Gordon Melton, J. (2020). Rosacruz. In Encyclopedia Britannica.

Kameleon. (n.d.). Una breve historia e introducción al Rosacruz. Pangeaproductions.Org.

Rosacruz. (n.d.). Encyclopedia.Com. Recuperado de https://www.encyclopedia.com/philosophy-and-religion/other-religious-beliefs-and-general-terms/miscellaneous-religion/rosicrucians

Los orígenes del Rosacruz. (2020, August 8). The Great Courses Daily. https://www.thegreatcoursesdaily.com/the-origins-of-rosicrucianism

Qué es el Rosacruz, introducción en varias lenguas y dialectos. (n.d.). AMORC. Recuperado de https://www.amorc.org/rosicrucianism

Alec nevala-lee. (n.d.). Alec Nevala-Lee. Recuperado de https://nevalalee.wordpress.com/tag/christian-rosenkreuz/

Anonymous, & Andreae, J. V. (2014). La boda química de Christian Rosenkreutz. Lulu.com. https://www.gohd.com.sg/shop/the-chymical-wedding-of-christian-rosenkreutz

Christian Rosenkreuz explicado. (n.d.). Explained.Today. Recuperado de https://everything.explained.today/Christian_Rosenkreuz

Christian Rosenkreuz. (n.d.). Chemeurope.Com. Recuperado de https://www.chemeurope.com/en/encyclopedia/Christian_Rosenkreuz.html

Westcott, W. W. (n.d.). Christian Rosenkreuz y el Rosacruz. Website-Editor.Net. Recuperado de https://cdn.website-editor.net/e4d6563c50794969b714ab70457d9761/files/uploaded/Siftings_V6_A15a.pdf

Ebeling, F. (2007). La historia secreta de Hermes Trismegisto: Hermetismo de la antigüedad a hoy (D. Lorton, Trans.). Cornell University Press.

Empyreance IX - Misterios de Hermes el divino - Aprenda en línea. (n.d.). Drdemartini.Com. Recuperado de https://drdemartini.com/learn/course/44/empyreance-ix-mysteries-of-hermes-the-divine

Hermes Trismegistos: *Erkenntnis der Natur und des sich darin offenbarenden grossen Gottes. Begriffen in 17 unterschiedlichen Büchern nach griechischen und lateinischen Exemplaren in die Hochdeutsche übersetzet.* (1997). EDIS.

Product details. (2019, April 2). Cornell University Press. https://www.cornellpress.cornell.edu/book/9780801445460/the-secret-history-of-hermes-trismegistus

La historia secreta de Hermes Trismegisto: Hermetismo de la antigüedad a hoy (2008). Choice (Chicago, Ill.), 45(05), 45-2549-45–2549. https://doi.org/10.5860/choice.45-2549

Poimandres - Hermetica. (n.d.). Stjohnsem.Edu. Recuperado de http://ldysinger.stjohnsem.edu/@texts/0301_corp_herm/01_poimandres.htm

Poimandres—corpus hermeticum I. (n.d.). Themathesontrust.Org. Recuperado de https://www.themathesontrust.org/library/poimandres-corpus-hermeticum-i

El Corpus Hermeticum: I. *poemandres,* El pastor de los hombres. (n.d.). Gnosis.Org. Recuperado de http://gnosis.org/library/hermes1.html

Halperin, D. J. (n.d.). Descendientes de la Merkavah. Full-Stop.Net. Recuperado de https://www.full-stop.net/2020/06/25/blog/davidjhalperin/descenders-to-the-merkavah

Misticismo *Merkavah* o *Ma'aseh Merkavah.* (n.d.). Encyclopedia.Com. Recuperado de https://www.encyclopedia.com/religion/encyclopedias-almanacs-transcripts-and-maps/merkabah-mysticism-or-maaseh-merkavah

Misticismo *Merkavah.* (n.d.). Encyclopedia.Com. Recuperado de https://www.encyclopedia.com/environment/encyclopedias-almanacs-transcripts-and-maps/merkavah-mysticism

Robinson, G. (2002, November 15). Misticismo Merkavah: El carro y la cámara. My Jewish Learning.

https://www.myjewishlearning.com/article/merkavah-mysticism-the-chariot-and-the-chamber

The Editors of Encyclopedia Britannica. (2020). *Merkavah*. In Encyclopedia Britannica.

Avad_S. (2017, November 11). *Sefirot*/Emanaciones, Cábala. Sanctum Of Magick | Aminoapps.Com. https://aminoapps.com/c/sanctumofmagick/page/blog/sefirot-emanations-kabbalah/bN4v_bGDhou0MbKgw2ENqLWoZx3vqYd7dNK

Cábala y curación:: Enseñanzas:: Árbol de la Vida. (n.d.). Kabbalahandhealing.Com. Recuperado de http://www.kabbalahandhealing.com/tree-of-life.html

Las emanaciones — angelarium: The Encyclopedia of Angels. (n.d.). Angelarium: The Encyclopedia of Angels. Recuperado de https://www.angelarium.net/treeoflife

¿Están relacionadas la alquimia y la Cábala? (n.d.). Quora. Recuperado de https://www.quora.com/Are-alchemy-and-kabbalah-related

Avad_S. (2017, November 11). *Sefirot*/Emanaciones, Kabbalah. Sanctum Of Magick | Aminoapps.Com. https://aminoapps.com/c/sanctumofmagick/page/blog/sefirot-emanations-kabbalah/bN4v_bGDhou0MbKgw2ENqLWoZx3vqYd7dNK

Bos, G. (n.d.). I:*Iayyim vital* «Cábala y alquimia prácticas»: Un libro de secretos del siglo XVII. Brill.Com. Recuperado de https://brill.com/previewpdf/journals/jjtp/4/1/article-p55_4.xml

Cábala y curación:: Enseñanzas:: Árbol de la Vida. (n.d.). Kabbalahandhealing.Com. Recuperado de http://www.kabbalahandhealing.com/tree-of-life.html

Ottmann, K. (n.d.). Alquimia y Cábala: Scholem, Gershom Gerhard, Ottmann, Klaus: Amazon.In: Books. Amazon.In. Recuperado de https://www.amazon.in/Alchemy-Kabbalah-Gershom-Gerhard-Scholem/dp/0882145665

Sefirot - el Árbol de la Vida. (n.d.). Geneseo.Edu. Recuperado de https://www.geneseo.edu/yoga/sefirot-tree-life

Las emanaciones — angelarium: The Encyclopedia of Angels. (n.d.). Angelarium: The Encyclopedia of Angels. Recuperado de https://www.angelarium.net/treeoflife

Atkinson, W. W. (2017). Las doctrinas secretas del Rosacruz - E-book - William Walker Atkinson - storytel. Musaicum Books.

Holt, D. (2018, May 5). Cómo practicar el Rosacruz. Phoenix Esoteric Society. https://phoenixesotericsociety.com/how-to-practice-rosicrucianism

En los caminos prácticos del Rosacruz. (n.d.). Futureconscience.Com. Recuperado de https://www.futureconscience.com/the-practical-paths-of-rosicrucianism

Rosacruz. (n.d.). Encyclopedia.Com. Retrieved from https://www.encyclopedia.com/philosophy-and-religion/other-religious-beliefs-and-general-terms/miscellaneous-religion/rosicrucians

Los orígenes del Rosacruz. (2020, August 8). The Great Courses Daily. https://www.thegreatcoursesdaily.com/the-origins-of-rosicrucianism

Acher, F. (2020, October 10). Magia Rosacruz. Un manifiesto. Theomagica. https://theomagica.com/blog/rosicrucian-magic-a-manifest

Amorc, O. (2020, February 1). Tres prácticas diarias del Rosacruz para mejorar su energía, salud y felicidad. Rosicrucians In Oregon. https://rosicruciansinportlandoregonwilsonville.com/2020/02/01/three-daily-rosicrucian-practices-to-boost-you-energy-health-and-happiness

Armstrong, S. (n.d.). Rutina diaria – Podcasts. Rosicrucian.Org. Recuperado de https://www.rosicrucian.org/podcast/tag/daily-routine

Código de vida Rosacruz. (n.d.). The Rosicrucian Order, AMORC. Recuperado de https://www.rosicrucian.org/rosicrucian-code-of-life

Rosacruz. (n.d.). Encyclopedia.Com. Recuperado de https://www.encyclopedia.com/philosophy-and-religion/other-religious-beliefs-and-general-terms/miscellaneous-religion/rosicrucians

Los orígenes del Rosacruz. (2020, August 8). The Great Courses Daily. https://www.thegreatcoursesdaily.com/the-origins-of-rosicrucianism

17th Century Anon. (2011a). Símbolos secretos del Rosacruz. Lulu.com. https://www.rosicrucian.org/secret-symbols-of-the-rosicrucians

17th Century Anon. (2011b). Símbolos secretos del Rosacruz. Lulu.com. http://www.levity.com/alchemy/secret_s.html

Franz Hartmann - Los signos secretos del Rosacruz. (2015, August 2). HERMETICS. https://www.hermetics.net/media-library/rosicrucianism/franz-hartmann-the-secret-signs-of-the-rosicrucians/

(N.d.). Bookshop.Org. Recuperado de https://bookshop.org/books/rosicrucian-rules-secret-signs-codes-and-symbols-esoteric-classics/9781631184888

Sea miembro. (2006). IEEE Transactions on Mobile Computing, 5(5), 608–608. https://doi.org/10.1109/tmc.2006.56

Sea un estudiante Rosacruz. (n.d.). The Rosicrucian Order, AMORC. Retrieved from

https://www.rosicrucian.org/become-a-student

Gordon Melton, J. (2020). Rosacruz. In Encyclopedia Britannica.

¿Como unirse a los Rosacruz? ¿Y cómo saber si está siendo reclutado? (n.d.). Quora. Recuperado de https://www.quora.com/How-do-you-join-the-Rosicrucians-And-how-can-you-tell-if-your-being-recruited

Made in the USA
Las Vegas, NV
21 September 2023

77910773R00063